家がもっと好きになる住まいの雑学100連発!!

住宅脳クイズ100問

不動産コンサルタント
長嶋　修 監修

住宅ジャーナリスト
古井一匡 著

住文化PRディレクター
大西倫加 著

住宅新報社

住宅脳学院通信簿

あなたの今学期の成績は＿＿＿です。

成績	正解数	総　評
5	100問～80問	住宅脳マスターレベル。一般人の及ぶ域をはるかに超えた知識量です。あなたの住宅への知的欲求はとどまるところがありません。住宅雑学王としてテレビ出演を目指すのも一考です。
4	79問～60問	住宅脳上級レベル。通常必要とされる以上の知識レベルです。すでに住宅マニアといっても過言ではありません。ここまでくれば、プロの不動産営業マンと対等に渡り合うことも可能かも。
3	59問～45問	住宅脳中級レベル。かなりの知識をお持ちです。住宅の購入にあたって、間違いのない判断が下せるでしょう。住宅脳のさらなる開発に向け、知識の吸収に努めてください。
2	44問～30問	住宅脳初級レベル。基本的な知識をお持ちです。住宅の購入にあたっては、経験豊富な知人などに相談しながら、じっくり考えて判断してください。あせりは禁物です。
1	29問～0問	住宅脳要注意レベル。はっきりいって知識不足です。家を買うのはもう少し待ったほうがいいでしょう。このままでは肝心な要素や条件を見落としたまま、勢いで契約してしまう危険性があります。

このシートの使い方

一．これから読む問題の下に、この面を下にしてはさみこんでください（写真1）。

二．問題を解いた後、ページをめくり解説を読んだら、裏面の自己採点表に○×を書き入れてください（写真2）。

三．すべての問題を解き終わったら、正解数を集計し、上記の表を参考にご自分の成績を書き入れてください。大変おつかれさまでした。

注．裏面上部の模様は、答えが透けて見えるのを防止するためのものです。

写真1

写真2

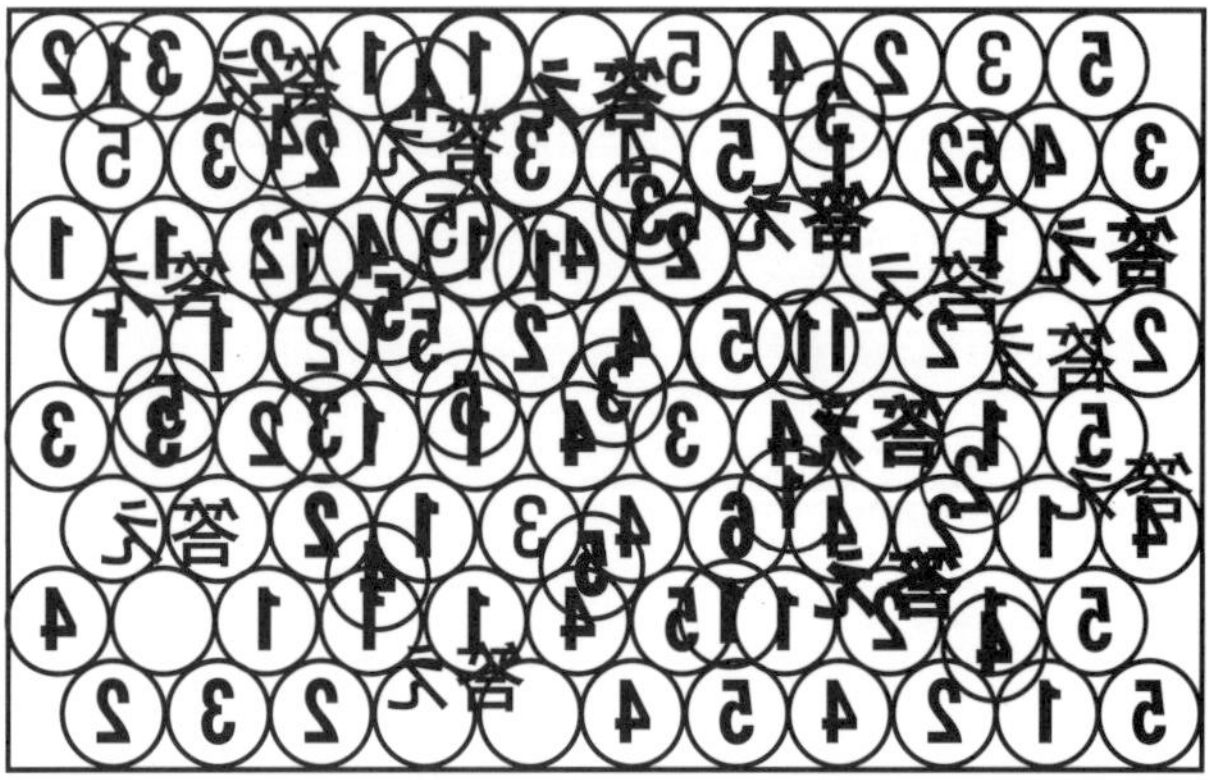

※この部分は答えが透けて見えるのを防止するためのものです。

住宅脳クイズ自己採点表

国語	Q.1	Q.2	Q.3	Q.4	Q.5	Q.6	Q.7	Q.8	Q.9	Q.10	Q.11	Q.12	Q.13								正解数 /13
算数	Q.14	Q.15	Q.16	Q.17	Q.18	Q.19	Q.20	Q.21	Q.22	Q.23											正解数 /10
社会	Q.24	Q.25	Q.26	Q.27	Q.28	Q.29	Q.30	Q.31	Q.32	Q.33	Q.34	Q.35									正解数 /12
理科	Q.36	Q.37	Q.38	Q.39	Q.40	Q.41	Q.42	Q.43	Q.44	Q.45	Q.46	Q.47	Q.48	Q.49	Q.50	Q.51	Q.52				正解数 /17
地理	Q.53	Q.54	Q.55	Q.56	Q.57	Q.58	Q.59	Q.60													正解数 /8
歴史	Q.61	Q.62	Q.63	Q.64	Q.65	Q.66	Q.67	Q.68	Q.69												正解数 /9
法律	Q.70	Q.71	Q.72	Q.73	Q.74	Q.75	Q.76	Q.77	Q.78	Q.79	Q.80	Q.81	Q.82	Q.83	Q.84	Q.85	Q.86	Q.87	Q.88	Q.89	正解数 /20
文化・芸能	Q.90	Q.91	Q.92	Q.93	Q.94	Q.95	Q.96	Q.97	Q.98	Q.99	Q.100										正解数 /11

合計正解数 /100

おつかれさまでした!!

裏面の通信簿をごらんください。

CONTENTS

1時間目

国語

Q.1

マンションなどの建設現場で、通称「朝顔（あさがお）」と呼ばれているものは次のうちどれでしょうか？

①朝行われる**打ち合わせの朝礼**のこと

②工事現場の道路沿いに置かれた**鉢植えなどの植栽**のこと

③足場から突き出して設置された**落下物防止用の棚**のこと

A.1

答え ③

朝顔は日本の代表的な園芸植物で、円錐形のきれいな花を咲かせます。

建設現場で「朝顔」といえば、資材などが落下して通行している人に当たったりしないよう、足場から突き出した状態で設置する防護棚のことをいいます。一般に、水平面より20~30度の角度で、２ｍ以上の長さの棚を突き出します。その形がなんとなく、朝顔の断面に似ているところから付けられたのだと思われます。

なお、朝顔を含む工事現場での足場の組立ては、鳶（とび）職の主な作業のひとつとされます。労働安全衛生法では、張出し足場または高さが5ｍ以上の構造の足場の組立て、解体または変更の作業にあたっては、技能講習を終了した「足場の組立て等作業主任者」を選任しなければならないとされています。

※「朝顔」はその他、男子用小便器や、トランペットなど金管楽器の円錐状の部分を指すこともあります。

Q.2

狭い通路のことを「犬走り」「猫走り」などと呼びますが、その違いは次のうちどれでしょうか？

①**通路の幅**が違う（「犬走り」のほうが広い）
②**屋外**の通路が「犬走り」、**屋内**の通路が「猫走り」
③**地上**の通路が「犬走り」、**高所**の通路が「猫走り」

A.2

答え ③

「犬走り」は古くからある日本語です。もともと、築地（ついぢ：土塀のこと）と溝との間の狭く長い空地のことを指し、例えば、鎌倉時代に書かれた『保元物語』には、「門より西、築地の犬走りに打ち出で」とあります。後には、城の垣と堀の間の空地を指すようにもなりました。戦国時代に記された『築城記』には、「土居の塀より内は武者ばしりといふ也。外は犬走りといふ」とあります。さらに江戸時代になると、そういう通路を通る人の様子から、ちょこちょこ小股に走ることを指したそうです。

一方、「猫走り」は、もともと日本語にはなく、英語の「キャット・ウォーク」の訳語です。「キャット・ウォーク」は、工場や舞台の天井近くに設置された狭い歩行用・作業用の通路のことで、高いところを歩く猫の習性からつけられたものだと思われます。

以上のことから、「犬走り」は地上にあって壁と溝にはさまれた通路を指し、「猫走り」は建物の高所に設けられた通路であるといえます。幅はいずれも狭く、人が歩行する点は共通ですが、設けられる位置によって「犬」と「猫」の違いになっていると考えられます。

Q.3

建築現場には独特の用語があります。そのひとつ「バチル」とは次のうちのどれを意味する言葉でしょうか？

①建材や部品の角などが欠けていること
②壁などが凸凹でまっすぐになっていないこと
③釘やねじをきつく叩くこと

A.3

答え ②

「バチル」とは施工が下手で、まっすぐでない状態になっていることをいいます。「オガム」も同じような意味です。特に室内壁が垂直、水平になっていないと家具などを置いてもすき間ができて支障をきたします。

ただし、建築物は基本的に、現場で職人が手作業でつくる一品生産なので、厳密な垂直、水平は難しいのも事実。大事なのは、一定範囲内に収まっていることです。

さくら事務所のホームインスペクションでも、新築時は1000分の3（例えば高さ3mの壁で9㎜）までの誤差は許容範囲としています。

なお、その他に建築現場で聞くことのある面白い言葉をいくつかあげておきます。


「ハツル」……石やコンクリートのような固い材料を削ることをいいます。

「フカス」……壁などに余分な厚みを持たせることです。

「シャクル」……材料の端部に受けの部分を設けることです。

「ワラウ」……「笑う」と書いて、塗装の際、上塗りの塗料が下地になじまないで、ところどころに落ち着かない凹凸ができることをいいます。また、材料どうしの接合がうまくいかず、すき間が生じることを指す場合もあります。

「アバレル」……特に木材が乾燥したり湿気を吸ったりして、まがったりねじれたりすることを指します。

「ハッチャケル」…コンクリートの爆裂のように、材料が飛び散った様をいいます。

Q.4

建築では動物を俗語や隠語としてよく使います。以下はその例ですが、ひとつだけ建築用語ではないものがあります。それはどれでしょうか？

①キリン
②ウマ
③タコ
④サル
⑤ウシ

A.4

答え ⑤

俗語や隠語は、特定の集団でだけ通用する符号のような言葉です。建築の場合、非常に多くの部材や機材を使いますし、関係する職種もさまざまです。そうした中から豊富な俗語、隠語が生まれました。

まず、「キリン」とはスクリュージャッキの俗称です。縦に長く伸びるところからの連想でしょう。

「ウマ」は足場やのこびき台として用いられる４本脚の簡単な台をいいます。４本脚でしっかり立っている姿からの連想でしょう。

「タコ」は、土や割栗石のつき固めに用いられた道具です。太い丸太を輪切りにし、いくつも細い棒状の取っ手をとりつけて数人がかりで持ち上げては地面に落として使います。足が何本も出ている様子がタコをひっくり返したところに似ているからでしょう。

最後に「サル」は、扉や雨戸などに取り付ける戸締りのための小さな桟木や金物をいいます。これは、手足を器用に使って木の上を歩いたり、ぶら下がったりする様子に似ているからでしょう。

Q.5

建築の俗語や隠語としては、昆虫もよく使われます。以下はその例ですが、ひとつだけ建築用語ではないものがあります。それはどれでしょうか？

①イナゴ
②セミ
③トンボ
④バッタ

A.5

答え ④

「イナゴ」とは、竿縁天井などで天井板の端を少しずつ重ねて張る場合、天井板がずれてすき間が生じないように取り付ける小さな押さえのことです。小さく細長い形状がイナゴに似ているからだと思われます。

「セミ」とは、木製の小さな滑車のことです。もともと、帆柱や旗竿の先端に取り付けたものを指し、木にとまったセミからの連想かと思われます。

「トンボ」は広く、T字型の工具や材料などを指して用いられます。グラウンドなど地面を平らにするものも同じようにトンボと呼びます。

Q.6

建築の俗語や隠語としては、食べ物もあります。以下はその例ですが、ひとつだけ建築用語とは関係ないものがあります。それはどれでしょうか？

①お茶漬け
②チャーハン
③ようかん
④あんこ
⑤竹の子

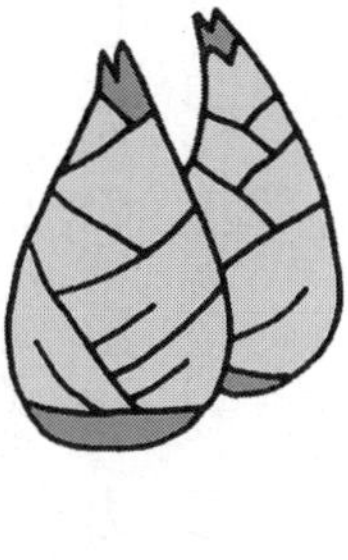

A.6

答え ②

「お茶漬け」とは、モルタルやコンクリートが硬化を始めたとき、水を加え練り返すことで、本来はコンクリートの耐久性に影響するのでやってはいけない行為です。

「ようかん」はレンガ積みに用いる、普通のレンガを縦に2分した形の異形レンガのことをいいます。また、コンクリートの品質を確認するため、生コン工場でつくられたセメントの強度試験用の供試体のことをいうこともあります。

「あんこ」は塗り壁などの左官仕上げで、上塗り面にはみ出た下塗り材のことです。はみ出した様子から連想したものでしょう。

「竹の子」は、工事用の給排水や給気用のビニールホース、ゴムホースなどを接続するのに使う継ぎ手で、ホースを抜けにくくするものです。竹の子の皮のイメージからでしょうか。

Q.7

「うだつが上がらない」という言葉の語源になった「うだつ（梲）」とは住宅のどの部位でしょうか？

①**玄関の上がり口**にある框（かまち）のこと
②小屋裏などに上がるための**はしご状の階段**のこと
③屋根の延焼防止や装飾のための**袖壁**のこと

A.7

答え ③

「うだつが上がらない」とは、仕事などで成果が出ず先の見込みがない状態や、いつまで経っても出世できずにいることをいいます。

その語源には大きく分けて2つの説があるようです。

ひとつは、屋根を支える小柱に由来するとするものです。本来、屋根裏の梁（うつばり）の上に立て、屋根を支える小さい柱のことを「梲（うだつ）」といいました。この梲が上がらないと家は建ちませんし、また梁と屋根の間にはさまれているところが伸びるに伸びられない状態を連想させます。

もうひとつは、京都などの町屋において、通りに面した1階の屋根と少し奥へ引いた2階の屋根の間に張り出すように設けられた小さい防火壁に由来するとするものです。この防火壁を「卯建（うだつ）」と呼び、江戸時代には裕福な家のシンボルとして競って立派な卯建がつけられました。そこで、卯建も上げられないような経済状態のことを「うだつが上がらない」と陰口をたたいたとされるのです。

どちらも一理ありますが、後者のほうが視覚的に分かりやすく、多くの人はこちらの意味で理解してきたのではないかと思われます。

Q.8

住宅の入口を日本では「玄関（げんかん）」と呼びますが、
その語源は次のうちどれでしょうか？

①**禅宗**で「玄妙に入る門」の意味
②**相撲部屋**の昇進伝達式を行う立派な入口
③玄人が好んだこぢんまりした**侘**（わ）**び寂**（さ）**び風情**の門

A.8

答え ①

日本では「玄関」といえば、建物のメインの出入り口のことを指します（サブの出入り口は勝手口などと呼びます）。

この言葉は本来、中国の道教や禅で使われたもので、「玄妙の道に入る門」という意味だそうです。そのため日本では当初、鎌倉時代に禅宗のお寺の方丈（ほうじょう：住職の住居）の入り口を指す言葉として用いられました。これが近世、履物を脱いで上がる低い台（式台）のある武士の住宅の表入口のことを指すようになり、さらに江戸時代以降は庶民の住宅にも玄関が設けられるようになったのです。

ただ、江戸時代には身分制度のひとつの現れとして、庶民の家に玄関を設けることは禁じられていました。例外的に庄屋の家では、見回りの役人を接待するため、座敷の前に庇を差し掛け、式台を設けた玄関をつくることが許されたそうです。

明治になると、こうした家のつくり方についての禁令が廃止され、庶民の家でも競って玄関をつくるようになりました。形態としては、表戸を開けて入ると三和土（たたき）の土間があり、上がり框の先に畳や板敷きの独立したスペースがあるというのが一般的です。玄関で靴を脱ぐという習慣とともに、家の入口にこうした独立したスペースを確保するのは、世界中でも日本だけといわれます。

Q.9

室内の上部に張って、屋根裏などを隠す部分を「天井」といいますが、その語源は次のうちどれでしょうか？

①昔の家は吹き抜けで**上（天）に井戸がある**ように見えたから

②木材を**格子状（井型）**に組んで張ったから

③延焼を防ぐ点で**井戸から水を汲むのと同じ**という意味から

ヒント

建物のうち、土台や柱、梁など建物全体を支える構造部分を「躯体（くたい）」と呼ぶのに対し、内部の仕上げや取り付け物を「造作（ぞうさく）」といいます。天井、床板、室内壁、階段、棚などはこの造作にあたり、デザイン性なども重要です。

A.9

答え ②

天井（てんじょう）とは、床や壁に対し、部屋の上部を仕切る造作のことで、屋根裏や上の階の骨組みを隠したり、上の階との遮音や室内の保温といった機能があります。

もともと日本の住まいは、吹き抜けで天井がありませんでした。昔の日本の建築様式を伝える伊勢神宮には天井がありませんし、京都御所の紫宸殿や清涼殿が江戸時代に再建された際も、昔のとおりにつくったため天井がありません。

建築物で天井を取り入れたのは、寺院建築が最初と考えられています。現存する世界最古の木造建築である法隆寺金堂には、梁と桁の〝間〟に木材を格子状（井型）に組んだ天井があります（組入天井）。

平安時代以降の和様の仏堂では梁と桁の〝下〟に格子を組んだ天井（格天井）を造るようになりました。また、天井は書院建築などにも取り入れられ、普及するにつれ、造り方が格式を表すようになっていきます。京都の二条城の書院では、将軍の座る位置が二重の折上格（おりあげごう）天井で、その下手は普通の折上格天井です。

数寄屋造りでは逆に、こうした天井による格式の序列を避け、竿縁（さおぶち）天井が一般的。また、茶室では狭い室内に網代（あじろ）天井、掛け込み天井などを組み合わせ、変化を持たせます。

Q.10

家の中心となる柱を「大黒柱」と呼びますが、その語源には諸説あります。次のうち、語源の中に入っていないものはどれでしょうか？

①平城京や平安京にあった**中央官庁である大極殿の柱「大極殿柱」**が簡略化されたものとする説

②「日本書紀」の記述から、**国のはじめに立てられる柱を大国柱**と呼び、それが大黒柱に変わったとする説

③昔は屋根を支える中心の柱に**大黒杉**という丈夫な杉を使っていたことにちなむとする説

④**大黒天を祭ったお勝手や台所の柱**に由来するとする説

A.10

答え ③

大黒柱とは、大極柱とも書き、家の中央付近にある太い柱のことです。そこから、家や団体の中心となり支えとなる人のことも指すようになりました。

語源についてはいろいろな説があります。第一は、日本書紀の神話に出てくる国の中心の柱という意味の「大国柱」の大国が転じたとするもの。第二は、朝堂院（平城京、平安京の大内裏の正庁）の正殿である「大極殿」の柱を「大極殿柱」というところから「大極柱」になったとするもの。第三は、大黒様を台所に祭る風習にちなみ、台所まわりの太い柱を「大黒柱」と呼ぶようになったとするもの。

家の中で土間と居室部分の境目にある柱を特に太くするのは、江戸時代中期以降の農家や町家に多く見られます。また、太い柱や鴨居が家の格や富を象徴したことが、その傾向を一層助長したそうです。その頃から、前記のようないろいろな理由をつけて、大黒柱と呼ぶのが一般的になったのではないかと思われます。

Q.11

トイレの別称のひとつに「厠（かわや）」がありますが、語源について正しいものは次のうちどれでしょうか？

①**川の上にかけ渡して**作った排泄用の小屋の意味から

②初めて店内にトイレを設けた**江戸時代の茶店の名前「河屋」**にちなんで

③奈良時代、トイレには**瓦（かわら）を敷いていた**のがなまって

A.11

答え ①

便所には、古今東西いろいろな別名があります。日本では、雪隠（せっちん）、手水場（ちょうずば）、お手洗い、化粧室、ご不浄、東司（とうす）などがあり、厠（かわや）もそのひとつです。

日本最古の歴史書である古事記には、水の流れる溝の上に排泄用の建物を掛け渡したことが書いてあり、そこから「川屋」を語源とする説が有力です。

また、川の側（かたわら）につくった家ということで、「側屋」を語源とする説もあります。「側屋」については川の側ではなく、母屋の側という説もあります。昔は、母屋の中にトイレを設けると臭いの問題があったので、母屋の近くに便所を別棟として設けるのが一般的だったからです。

なお、英語では便所のことをラバトリー（lavatory）やトイレット（toilet）といいますが、やはり婉曲な表現があり、バスルーム（bathroom）、レストルーム（rest room）、メンズ／レディスルーム（men's／lady's room）などといいます。ダブリューシー（WC）はウォータークロゼット（Water Closet）の略としてイギリスで主に用いられます。

Q.12

俳句の季語に「屋根替え」という言葉がありますが、次のうちどの季節のことでしょうか？

① 雪が消えた**春**
② 天気の良い日が多い**夏**
③ **冬**の到来が近づく秋

ヒント
連歌や俳句などで句の季節を示すために詠み込むよう決められた言葉が季語です。江戸時代初期には約600語だったものが江戸末期には3000語にまで増えたといわれます。これは町民や農民の暮らしぶりを季語として積極的に取り入れたからです。

A.12

答え ①

雪国では雪が解けてから、冬の間に北風や雪で傷んだ屋根を葺き替えたり修繕したりします。これを「屋根替え」といって、春の季語になっています。

屋根替のひとり淋しや頬かむり　（高浜虚子）

屋根の修理は大仕事ですから、昔は親戚や近所の人が集まって行っていたものですが、この虚子の句は、なぜかおじさんが一人で頬かむりして黙々と作業をしている情景が浮かびます。

このほかにも住まいに関連した季語はたくさんあり、昔の人の生活のリズムが感じられて、味わい深いものです。

春……雪囲い解く、北窓開く
夏……夏座敷、日除け
秋……障子張る、冬支度
冬……雪囲い、畳替え

Q.13

「○の上の水練」

「女房と○は新しいほうがよい」

この２つの諺で、○の部分に共通して入る住宅に関係するものは次のうちどれでしょうか？

①　畳
②　屋根
③　床

A.13

答え ①

畳は、芯になる床（とこ）を畳表（たたみおもて）でくるみ、縁をつけて作る日本独自の床の敷物です。昔は床は稲わら、畳表は「い草」を用いましたが、いまでは人工的な材料を使うことも少なくありません。

「畳の上の水練」とは、畳の上で行う水泳の練習で、全く役に立たないということ。理屈や方法を知っていることと、実際にできることとは違うという意味です。

「女房と畳は新しいほうがよい」とは、新しい畳はい草の香りも新鮮で快適だし、女房も結婚したばかりのほうが楽しいということでしょうか。ただ、「女房とワインは古いほどよい」「女房と米の飯には飽かぬ」といった言い方もあります。

なお、畳のサイズにはいくつか種類があります。

・京間、関西間……3尺1寸5分×6尺3寸（955㎜×1910㎜）
・中京間、三六間……3尺×6尺（910㎜×1820㎜）
・江戸間、関東間、五八間……2尺9寸×5尺8寸（880㎜×1760㎜）
・団地間、公団サイズ、五六間（ごろくま）……2尺8寸×5尺6寸（850㎜×1700㎜）

また、畳は部屋の寸法に合わせてのオーダーメイドが普通で、サイズは結構ばらばら。同じ部屋に敷いてある畳でも、位置が変わると入らなくなることがあります。

2時間目

算数

Q.14

日本の地価は戦後、右肩上がりで上昇し「土地神話」が形成されました。高度経済成長が始まった昭和30年代からバブル経済がピークに達した平成2年頃まで、6大都市の地価は何倍くらいになったでしょうか？

①　9倍
②　27倍
③　58倍

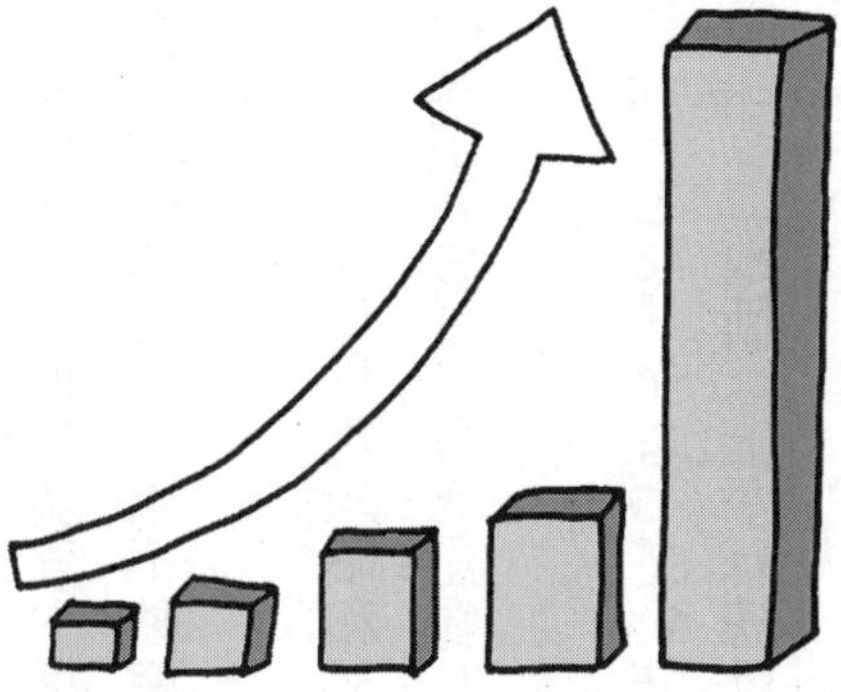

A.14

答え ③

土地の価格には、いくつか種類があります。実際に売買される時の「取引価格」が本来の地価ですが、一般に公表されておらず、時系列に調べるときは各種の調査や指標データを参考にするのが一般的。長期の地価データとしては、財団法人日本不動産研究所が発表している「市街地価格指数」があります。

それによると、6大都市の指数（2000年＝100）は、1960年（昭和35年）に4・87だったものが、1991年（平成3年）に約58倍の285・3を記録しています。

その後は大幅な下落に転じ、2009年（平成21年）には73・5にまでなっています。少子高齢化や人口減少が始まったこともあり、かつてのように地価は上がり続けるという「土地神話」はもはや薄れつつあるといっていいでしょう。

Q.15

長さの単位は現在、メートル法が一般的ですが、日本ではかつて尺貫法（しゃっかんほう）が用いられていました。では、尺貫法の「1尺」は、メートル法ではどれくらいの長さでしょうか？

①約5cm
②約30cm
③約90m

ヒント

もともと「尺」という単位は古代中国、殷の時代からあったとされます。人体の前腕の部分にある尺骨（しゃっこつ）の長さに由来するとする説もありますが、「尺」という文字は親指と人差指を広げた形をかたどったもので、手を広げたときの親指の先から中指の先までの長さを1尺としたそうです。

A.15

答え ②

「尺」は尺貫法の長さの基準となる単位です。尺貫法は古来、東アジアでひろく使用されてきましたが、1尺の長さについては国により、時代により異なります。日本では、明治時代に1尺を国際メートル原器の33分の10の長さ（すなわち10／33m）と定めました。しかし、戦後の1951年（昭和26年）に制定された計量法により、尺貫法は公式の単位としては廃止され、それ以降、商取引などでの使用が禁止されています。

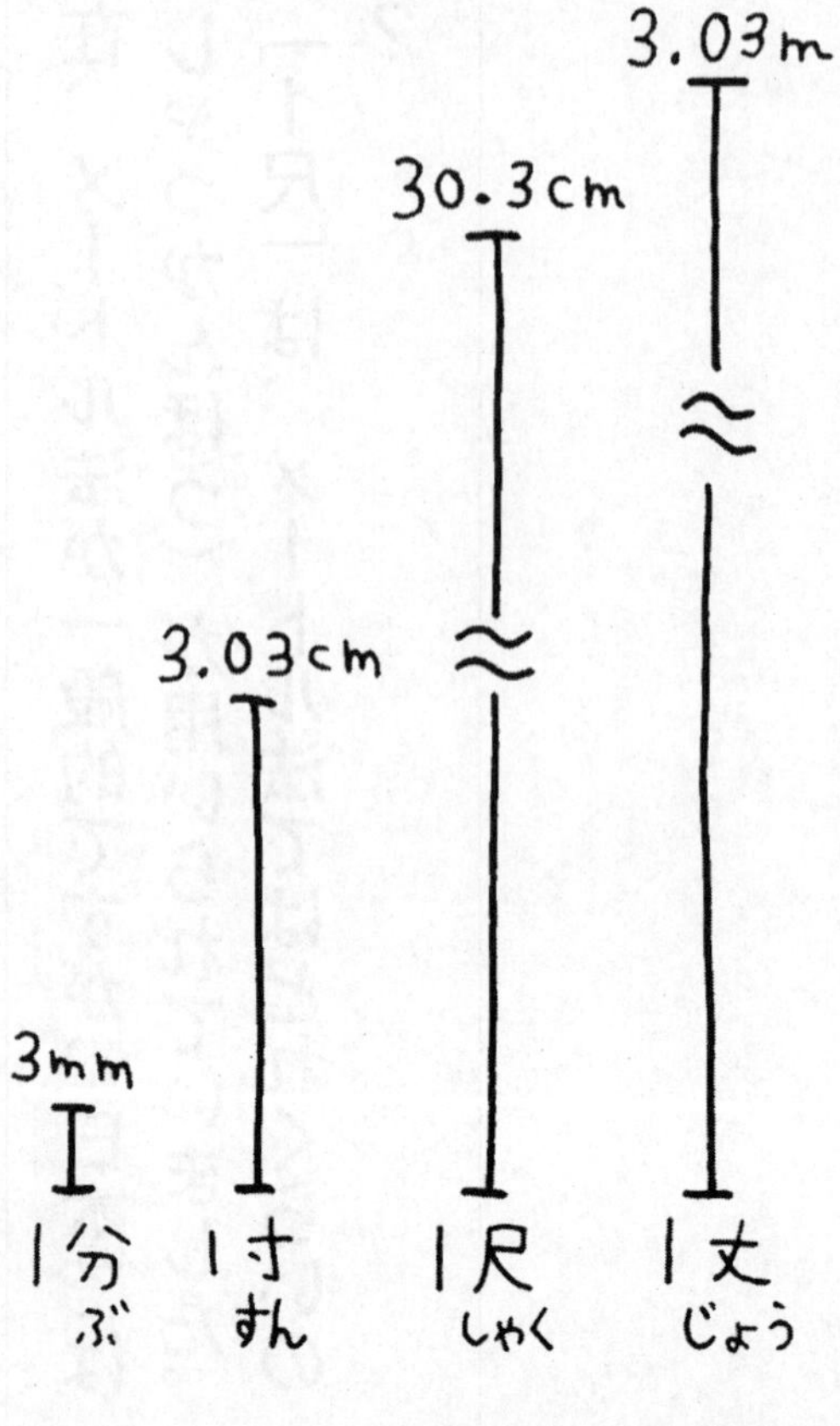

Q.16

不動産の広告表示では、最寄り駅からの徒歩時間を80ｍ＝1分で換算することになっています。それでは、駅から現地までちょうど700ｍある場合、徒歩時間の表示としてはどれが正しいでしょうか？

① 8分45秒
② 8分
③ 9分

ヒント

不動産の広告については、景品表示法の規定に基づき、公正取引委員会の認定を受けて、業界の自主ルールとして「不動産の表示に関する公正競争規約（表示規約）」と「不動産業における景品類の提供の制限に関する公正競争規約（景品規約）」が定められています。そして、これらを運用するため各地に業界の自主規制団体である「不動産公正取引協議会」が設けられています。ほとんどの不動産会社はこの協議会に加盟しており、これらの規約に従うことが義務付けられています。また、協議会に加盟していない不動産会社については、公正取引委員会が直接、景品表示法に基づいて措置を採ります。

A.16

答え ③

「不動産の表示に関する公正競争規約」には、不動産広告の表示についていろいろな規定があります。最寄り駅からの徒歩時間については、「道路距離80ｍを1分に換算」とされており、通常は地図上で道路距離を測り、80ｍで割って、1分未満の端数は1分に切り上げることになっています。例えば、最寄り駅から徒歩9分という表示があれば、640ｍ超720ｍ未満ということになります（答え）。

ただし、信号待ちや坂道、歩道橋、踏み切りなどによって余計にかかる時間は考慮されません。また、大規模マンションなどでは通常、マンション敷地入り口までの距離を基準にします。防犯などの観点から、最短ルートが利用に適さないこともあるでしょう。あくまでひとつの目安として、広告表示を鵜呑みにせず、実際に歩いてみることが大事です。

Q.17

土地や建物の広さを表す単位として、いまでも「坪」がよく使われます。それでは1坪を㎡に換算すると、次のどれが最も近いでしょうか？

①約1・8㎡
②約3・3㎡
③約5・5㎡

A.17

答え ②

「坪（つぼ）」は、尺貫法による面積の単位として、日本で生まれたものです。現在は一辺が6尺＝1間（けん）の正方形の面積を意味します。1尺＝10／33ｍですから、1坪＝（10／33×6）×（10／33×6）＝約3・305785㎡となり、通常は3・3㎡で換算します。

もっと広い面積については、「畝（せ）」、「反（たん）」、「町（ちょう）」という単位を用い、それぞれ次のようになります。

1畝＝30坪（約99・17㎡、約1アール）
1反＝10畝（約991・7㎡、約10アール）
1町＝10反（約9917㎡、約1ヘクタール）

いまでも田畑や森林の広さについては、反や町を使うことがよくあります。

Q.18

マイホームを購入する場合、土地や建物の代金のほか各種税金や手数料などの諸費用がかかります。新築住宅（仲介会社が入らない場合）では、この諸費用の目安として次のうちどれが最も一般的でしょうか？

①購入代金の１％
②購入代金の３％
③購入代金の10％

A.18

答え ②

住宅を購入したり新築したりする際には、各種の税金や手数料がかかります。こうした諸費用は通常、住宅ローンの対象外で、自己資金で用意する必要があります。主なものは次の表のとおりです。これらを合計すると、売買代金や建築費の3％程度になることが多いといわれます。仲介会社が入らない形で住宅を購入したり、建物を新築したりするケースがあてはまります。

表のほか、仲介会社が売買の間に入ると仲介手数料も必要になります。仲介手数料は売買代金の3％＋6万円（消費税別）が上限とされており、合計すると売買代金の6％程度になることが多いようです。

印紙税	売買契約書や工事請負契約書、ローン契約書に貼る
登録免許税	土地や建物、ローンに関する登記の際にかかる
不動産取得税	土地や建物の取得時に1回だけかかる
固定資産税	売主と所有期間に応じて案分して負担
ローン手数料	住宅ローンの手続きについて金融機関に支払う
ローン保証料	住宅ローンを借りる際、保証会社に支払う
登記手数料	登記手続きを依頼する司法書士に支払う
火災保険料・地震保険料	建物に火災保険をかけることは住宅ローンを借りるために必要。地震保険は通常、任意

Q.19

3000万円を年利3%、35年の元利均等返済で借りた場合、返済合計額に近いものは次のうちどれでしょうか?

① 3920万円
② 4850万円
③ 6230万円

ヒント

住宅ローンは金額が大きく、また返済期間も長期にわたるので、返済総額がふくらみやすいものです。ちなみに3000万円を年利3%で借りた場合、単純計算で毎年の利息は90万円、35年間で3150万円になります。ただし、元金分も少しずつ返していくので、実際の金利負担はこれよりは少なくなります。

A.19

答え ②

住宅ローンは大きな金額を長期間、借りるもの。そのため、支払う利息もかなりの金額になります。

設問の例では、毎月の返済額は11万5455円で、35年間の返済総額は4849万円。利息分はなんと1849万円と、元金の半分を軽く超えます。

もし、0・1ポイント下がって2・9％となると返済総額は4779万円で約70万円減りますし、逆に0・5ポイント上がって年3・5％になると、返済総額は5207万円で430万円も増えることになります。

住宅ローンはほんの少しでも、安く借りるほうが有利なのです。

ただし、それぞれの時代によって金利水準は違います。かつて、最も代表的な住宅ローンである住宅金融公庫（現・住宅金融支援機構）のものでは5・5％が基準でした。いまは、銀行ローンで金利優遇を使うと1％台も珍しくありません。それだけいまのほうが利息の負担は軽くなっているといえます。しかし、物価や所得の上昇率も当時と現在では違います。一般に、物価上昇率が高ければ所得も増え、ローンの負担は相対的に軽くなります。単純に住宅ローンの金利だけで判断するわけにはいきません。

Q.20

３０００万円を年利３%、35年の元利均等返済で借りた場合、20年後にローンはどれくらい残っているでしょうか？

①約２１００万円
②約１６００万円
③約１０００万円

ヒント

住宅ローンの返済方法には、「元**利**均等返済」と「元**金**均等返済」があります。「元**利**均等返済」は、毎回の返済額（元金分と利息分の合計）が一定になるもの。「元**金**均等返済」は、毎回の元金分の返済額が一定で、利息分との合計では1回目が一番多く次第に減っていくものです。よく利用される「元**利**均等返済」では、最初のうちは返済額の大部分が利息分にあてられているので、元金の減り方は遅くなります。

A.20

答え ②

「元利均等返済」は住宅ローンで最もポピュラーな返済方法で、毎月の返済額が一定であるのが特徴です。毎月の返済額は一定ですが、その中に占める元金分と利息分の割合が、毎回変わります。具体的には、返済のはじめのうちは利息分が多く、元金の返済分はわずか。その比率がだんだん、逆転していくのです。はじめのうちは元金の減り方が遅く、35年返済で20年も返したら、半分以上減っていると思うかもしれませんが、実は1670万円残っているのです。

住宅ローンを借りるときは、毎月の返済額に無理がないかどうかとともに、残高がどのようになっていくのかも必ず確認しましょう。

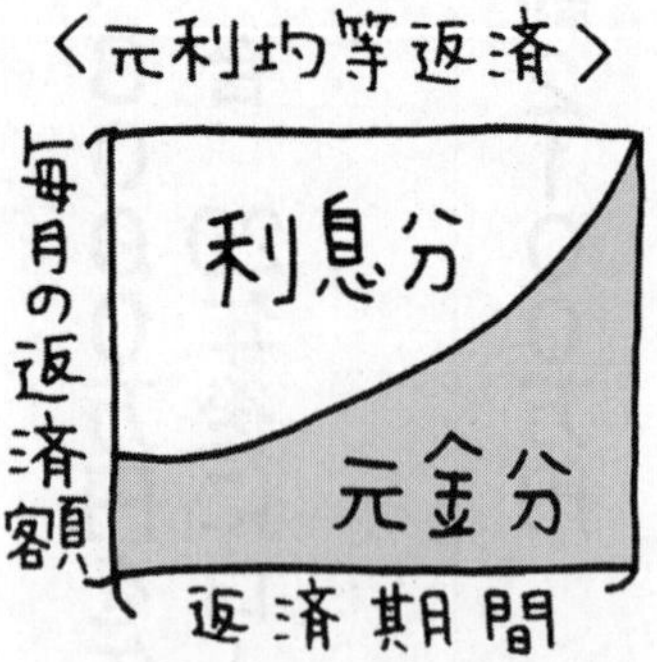

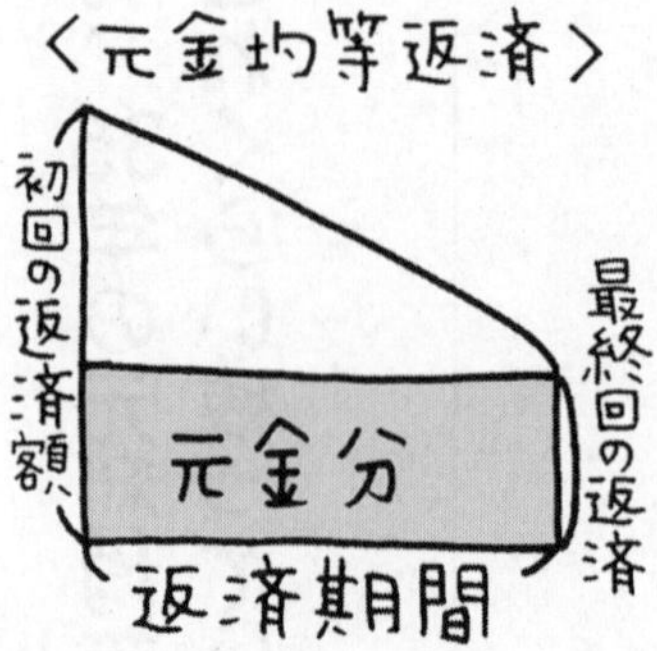

Q.21

3000万円を年利3%、35年返済の元利均等返済で借りる場合、10年目に100万円を一部繰上返済すると利息はトータルでどれくらい減るでしょうか？

① 約15万円
② 約40万円
③ 約107万円

ヒント
一部繰上返済とは、返済の途中で通常の返済額とは別に、まとまった金額を元金の返済にあてるもの。元金の一部を先に返済することで、その元金にかかるはずだった利息が軽減されます。

A.21

答え ③

住宅ローンは少しの金利差でも、返済総額（利息分）にかなり差が出ます。しかも、Q.20にもあったように、返済当初はなかなか元金が減りません。かといって、早く返したいからと最初からギリギリの返済計画にすると、何かあったとき、家計が苦しくなります。

そこで上手に活用したいのが「一部繰上返済」。これは、返済の途中で通常の返済額とは別に、まとまった金額を元金の返済にあてるもの。元金の一部を先に返済することで、その元金にかかるはずだった利息が軽減されます。

覚えておきたいのは、同じ額を一部返済にあてても、早めのほうが軽減される金額（利息分）は大きくなること。質問のように10年目に100万円を一部繰上返済した場合は、返済終了が1年半早くなり、返済総額（利息額）は107万円ほど減ります。これに対し、30年目に行った場合は、10カ月の短縮、15万円ほどの減少にすぎません。

いま預金の金利は0.1％もないくらい。それに比べると、はるかに有利な資金運用法といえるでしょう。

Q.22

マンションの修繕積立金は多くの場合、不足気味といわれますが、築20年以上（75㎡）のマンションの場合、月額どれくらいが目安になるでしょうか？

① 5000円
② 1万7000円
③ 3万円

ヒント

分譲マンションの建物や設備は、各住戸の所有者が管理する「専有部分」と、所有者全員の共有である「共用部分」に分けられます。「専有部分」は各所有者が自分の責任でメンテナンスなどをしますが、「共用部分」については所有者から管理費と修繕積立金を集めて、管理組合が管理を行います。管理費は日常の清掃や管理員業務などに使われ、毎月支払われるもので比較的分かりやすいといえます。一方、修繕積立金は、屋上の防水工事、外壁の補修工事、鉄部の塗装工事などの大規模修繕にあてられるもの。数年から10年後に備えて準備しなければならないため、あまり気にしない人が多い傾向があります。

A.22

答え ②

分譲マンションでは通常、管理組合が毎月、管理費と修繕積立金を集めます。管理費は日常の管理業務（管理員の人件費や清掃費用など）にあてられ、修繕積立金は数年から十数年おきに行う大規模な補修工事などにあてられます。

修繕積立金の金額は向こう20年～30年の長期修繕計画を立てて必要な費用を予測したうえで決める必要があるのですが、分譲当初は販売戦略上、低く抑えられていることが多いのが実態です。

国土交通省が作成した「マンション管理標準指針」では、左記のような目安となる額を試算しているので、参考にしてみるといいでしょう。

修繕積立金の額のモデル見直し試算

経年	円／月・戸	円／月・㎡
築0～4年	1万3585	181.1
築5～9年	1万6445	219.3
築10～19年	1万7515	233.5
築20年～	1万7446	232.6

※平均なモデルマンション（70戸・9階）を想定。駐車場使用料等からの繰入金を含む。見直しまで平均1万3000円／月・戸を積立て、標準的な修繕工事を実施しているマンションが、各経年後に長期修繕計画を見直したときの額（それぞれの経年期間ごとの平均額）

Q.23

土地の価格には実勢価格のほか、公的なものとして「公示地価」や「固定資産税評価額」などがあります。現在、「固定資産税評価額」は「公示地価」の何割を目安としているでしょうか？

① 9割
② 7割
③ 5割

ヒント

土地の価格として、多くの人が思い浮かべるのは実際の取引価格でしょう。しかし、売買価格の情報は通常、公表されることはないので分かりにくいという欠点があります。そこで、一般の土地取引に対して指標を与えるとともに、土地の収用などの際に参考にするため「公示地価」や「基準地価」が毎年発表されています。また、固定資産税や相続税を計算する基準として、「相続税路線価」や「固定資産税評価額」も公表され、同じ土地でもいくつかの地価が存在します。

A.23

答え ②

現在、地価には実際に売買される時の「取引価格」のほか、「公示地価」「相続税路線価」「固定資産税評価額」の4つあります。

「公示地価」は、一般の土地取引に対して指標を与えるとともに土地の収用などの際に参考にするため、国土交通省が毎年1回公表しているものです。これは全国から一定の調査地点を選び、毎年1月1日時点で1年間の価格変動を調査。実際の取引価格（「実勢価格」）をベースにしながら、建物のない状態で、しかも買い急ぎ、売り急ぎなどの影響を取り除いたものとされます。

「相続税路線価」は、相続税の課税の基準になるもので、国税庁が毎年8月に同年1月1日時点の価格を公表しています。

「固定資産税評価額」は、固定資産税の基準になるもので、3年に1度、各市町村が決めています。不動産取得税、登録免許税についても税額算出の基準となります。

これらの地価は以前、かなりばらつきがあり「一物四価」などともいわれましたが、その後、整合性を図るようになってきています。現在、「相続税路線価」は「公示地価」の8割の水準、「固定資産税評価額」は同じく7割の水準を目安にするとされています。ただし、実際には地価が急激に下がるときなど、調査時点とのタイムラグがあるため、たとえば「相続税路線価」より「取引価格」のほうが低くなることもあるようです。

3時間目

社会

Q.24

日本でいうマンションのことを、欧米では別の呼び方（複数）をします。次のうちあてはまるものはどれでしょうか？

①メゾネット
②アパートメント
③タウンハウス

A.24

答え ②

欧米では、日本でいうところのマンションのことは「コンドミニアム」「アパートメント」「フラット」などと呼びます。「コンドミニアム」は主にアメリカで分譲共同住宅のこと、「アパートメント」は賃貸の共同住宅のこと、「フラット」は主にイギリスで共同住宅の意味で使われます。また、ワンルームタイプを「ステュディオ」ということもあります。

逆に、欧米で「マンション」といえば、一戸建ての大豪邸のこと。日本でも戦前から1960年頃までは「アパート」「アパートメント」と呼ばれていましたが、60年代後半ころから「マンション」という呼称に切り替わっていきました。戦前は「アパート」という存在自体が珍しかったのですが、戦後の高度経済成長とともに共同住宅がたくさんつくられ、当たり前になっていった中で、もっと高級なイメージをという意識が業界や購入者の間に共有されたからでしょう。

現在では、鉄筋コンクリート造や鉄骨鉄筋コンクリート造の比較的大規模な集合住宅の一般名称として定着し、法律でも「マンションの管理の適正化の推進に関する法律」のように、マンションという言葉が正式に使われるようになっています。

なお、「メゾネット」は集合住宅の住戸形式のひとつで、各戸が2層になっているもの（室内に階段がある）。「タウンハウス」は、低層の長屋形式（隣戸どうしが壁でつながり、それぞれ別の入口を持つ形式）のことです。

Q.25

次の方法のうち、日本において住宅の販売にあたって、実際には用いられたことのないものはどれでしょうか？

①ネット販売
②新年の福袋
③キット販売
④宝くじの景品

A.25

答え ④

現在、住宅の販売にあたって、新築マンションならモデルルーム、新築一戸建てなら住宅展示場のモデルハウスを用いるのが一般的です。しかし、他にもいろいろな方法が試みられてきました。

ひとつが、「ネット販売」。一戸建てでは2000年頃から、大手ハウスメーカーの一部が手掛けています。

「住宅福袋」は、新年の初売りでお得な詰め合わせを販売する「福袋」を活用したプロモーション手法です。函館の百貨店が1993年（平成5年）から西暦にちなんだ価格で（1993年には1993万円）、土地付き戸建て住宅やマンションを販売したのが初めといわれます。百貨店で住宅を販売する手法は戦前にもありました。

「キット販売」は部材を買って、施主が自分で組み立てるもの。通常の住宅では見られませんが、例外的にログハウスではキット販売が行われています。ただし、その場合も基礎については専門業者に依頼するのが一般的です。

なお、住宅を景品にした「宝くじ」は日本では存在しません。住宅を景品にすることは可能ですが、現金のほうが使いでがあることで現金が一般的です。

Q.26

日本で最初に作られたプレハブ住宅の用途は、次のうちどれでしょうか？

① 収納部屋
② トイレ
③ 勉強部屋

A.26

答え ③

日本でプレハブ住宅が本格的な市販商品として発売されたのは、1959年（昭和34年）の大和ミゼットハウスが最初といわれます。この住宅は鉄骨造、6畳1間の平屋建てで、キャッチフレーズは「3時間で建つ勉強部屋」でした。庭先に建てて、子供部屋や老人の隠居部屋に使ってもらおうというものだったそうです。今から考えると「そんなもの」と思うかもしれませんが、翌1960年（昭和35年）には三井ハウス、セキスイハウスなど各社が一斉に小規模住宅を商品化することになりました。

プレハブ住宅とは、あらかじめ部材を工場で生産・加工し、建築現場では最小限の工事で組み立てる住宅のこと。歴史的には、イギリスで17世紀に植民地向けに分解と組み立てが何度もできる木製のプレハブ住宅が輸出されたといいます。19世紀には鉄製のプレハブ住宅も登場しており、発想自体は古くからあるもののようです。

Q.27

戦前の日本は借家が中心でした。それが戦後、一気に持家率が上昇しました。その最初のきっかけとされるのは次のうちどれでしょうか?

①戦災で借家も大量に失われ、**自分で建てるしかなかった**から

②政府が税制や公的融資など**国民にマイホームを取得させる政策をとった**から

③家主が**借家を入居者に売却する動きが広がった**から

A.27

答え ③

戦前の都市部での持ち家率は低く、住まいの主流は民間借家でした。1941年（昭和16年）に厚生省が24都市を対象に実施した調査では、持ち家率は22％にすぎず、借家が8割近くを占めていたそうです。

ところが、終戦後の1948年（昭和23年）には都市圏で41％、全国平均では67％へと急増します。これは、主として戦前に制定された地代家賃統制令と、戦後の超インフレや税制改革などによって生じたものといわれます。つまり、家賃はまったく上げられないのに固定資産税などの負担ばかり重くなった家主が、借家人に借家を安く大量に売却したようなのです。

その後、住宅金融公庫の設立による住宅ローンの提供など、政府の持ち家優遇政策によって、持ち家（マイホーム）志向が広がりました。さらに、地価の上昇により土地神話、持ち家神話が形成されていったのです。

Q.28

国民に住宅を安く提供することをモットーに、住宅のコストダウンとして昭和50年代に官民あげて行われたプロジェクトは次のうちどれでしょうか？

①ハウス55プロジェクト
②マイホーム55プロジェクト
③KOUDAN55プロジェクト

A.28

答え ①

日本の住宅建築コストは以前から、欧米に比べて割高だといわれてきました。そこで80年代前半に、国が音頭を取って高品質で低廉な価格の住宅供給を目指したプロジェクトが推進されたことがあります。これが「ハウス55プロジェクト」。〝55〟とは昭和55年（1980年）の時点で、1棟550万円の建築費を目標にするところからつけられたものです。100社を超える企業が参加して商品開発を進めましたが、商品化にこぎつけたのは、ミサワホーム、小堀住研（現エス・バイ・エル）、パナホームといった大手プレハブメーカー数社のみでした。価格も550万円を上回るものが多かったのですが、この頃からコストダウンの試みが繰り返し行われるようになりました。

コストダウンのためには、サッシをはじめ建材や部材を共通化し、間取りのパターンも絞り込む必要があります。しかし、日本では敷地が狭小な上、変形していることが多く、欧米のように標準プランだけでは対応できません。また、施主も細部にこだわることが多く、これまで日本の住宅ではコストダウンがあまり進んできませんでした。

Q.29

住宅の間取りでよく見る「DK」「LDK」の表示はいつ頃、登場したものでしょうか？

①終戦後すぐの**昭和20年代**

②高度経済成長期の**昭和40年代**

③バブル経済まっさかりの**昭和60年代**

ヒント

Lはリビング、Dはダイニング、Kはキッチンの略で、「DK」はダイニングとキッチンが一体となった間取りのこと、「LDK」はさらにリビングも加わった間取りのことです。

A.29

答え ①

DKとはダイニング・キッチン（台所＋食事室）、LDKとはリビング・ダイニング・キッチン（居間＋台所＋食事室）がひとつになった広めの部屋のことです。このDKまたはLDKの前に数字を付け加えて、居室の数を表すのが日本では間取り表示の標準となっています。

DK形式は、さかのぼると昭和10年代に京都大学建築学部の西山卯三氏が発表した「食寝分離」理論が原型とされます。西山先生は、大学院の研究論文のために大阪の長屋5000件の平面図面を集めて分析。その中で、台所横の2畳ほどの小さな空間が食事用に使われているケースがあり、庶民の住宅では食事室を寝室と分離させることが大事だと主張したのです。

戦後、東大の建築学部でも京浜エリアの庶民住宅を調査し、食寝分離傾向を見せている家は全体の1割ほどしかなかったものの、そういう家に住む人は住み方に意欲的で、いろいろ工夫していたといいます。この時の調査を行った関係者などが加わり、1951年（昭和26年）に建設省が各地の公営住宅の設計指針を決める際、DKプランが採用されました。さらに1955年（昭和30年）に設立された日本住宅公団もDKプランを採用し、これを「ダイニング・キッチン」と名付け、そこにテーブルとステンレスの流し台を組み合わせました。こうして生まれた「ダイニング・キッチン」のある団地住宅は、憧れの的として爆発的な人気を呼びました。

Q.30

日本初の民間分譲マンションとなったのは次のうちどれでしょうか？

① 四谷コーポラス
② 同潤会アパート
③ 広尾ガーデンヒルズ
④ 宮益坂アパート

A.30

答え ①

日本でマンションが本格的に普及したのは、20世紀後半になってからのことです。鉄筋コンクリート（RC）造の最初の共同住宅は、1916年（大正5年）、長崎港の沖合にある端島（はしま）に建設された炭鉱労働者用の「炭鉱住宅」といわれます。

有名なのは、1923年（大正12年）の関東大震災の後、各方面からの義捐金をもとに被災者のための住宅建設を行った財団法人同潤会による「同潤会アパート」。東京を中心に15カ所に建設され、当時としては画期的な電気、水道、ガス、水洗トイレなどが標準装備されていました。ただし、同潤会アパートは当初は賃貸で、戦後になって居住者に払い下げられました。

当初から分譲用に建設されたマンションとしては、1953年（昭和28年）5月に東京都建設局がつくった「宮益坂アパート」（東京都渋谷区）が最初のようです。このマンションは1階が店舗で、2～4階までが事務所、5階以上が住宅という店舗併用分譲マンションでした。

民間で初めての分譲マンションは、1956年（昭和31年）に日本信販系の不動産会社が建設した「四谷コーポラス」（東京都新宿区）といわれます。5階建てで総戸数28戸、当時の分譲価格は3LDKが約230万円。まだまだ日本全体で住宅不足が深刻な時代に、かなりの高級物件でした。

Q.31

左の図にあるような、マンションで最もポピュラーな間取りプランを何というでしょうか？

①**家族型**プラン
②**田の字型**プラン
③**中廊下型**プラン

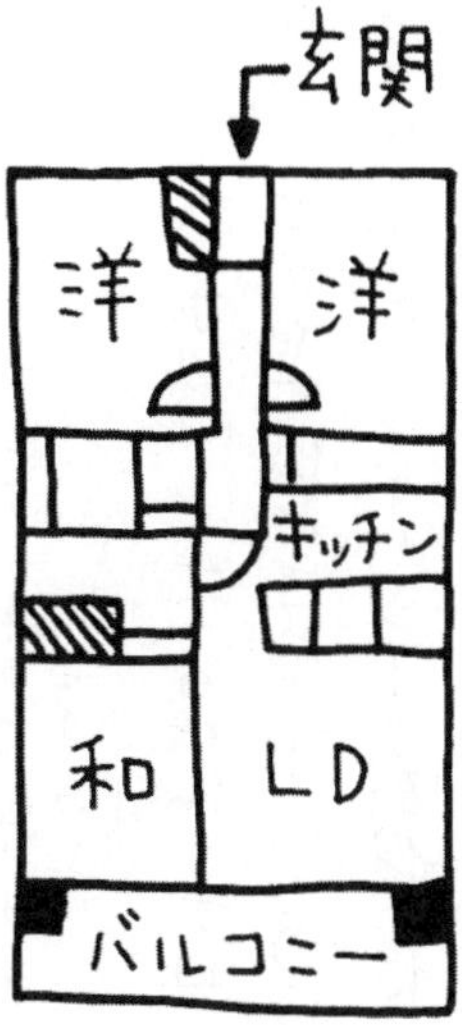

ヒント

玄関から入ると廊下が伸び、その両側に居室と水回り、キッチンなどがあります。廊下の突き当たりにリビング・ダイニングと和室がバルコニーに面してあるパターン（縦長リビング）のほか、リビング・ダイニングがバルコニーに面し、和室はその奥にあるパターン（横長リビング）もあります。

A.31

答え ②

マンションで最もポピュラーなプランを「田の字型プラン」といいます。内部の部屋の配置が「田」の字に似ていることからこう呼ばれるようになりました。

全体に縦長の長方形が基本的な形で、短辺の一方が共用廊下、もう一方がバルコニーに接します。長辺はいずれも隣戸との戸境壁です。玄関を入ると廊下がバルコニー側へと伸び、両側に洋室や洗面、浴室、トイレがあります。廊下の突き当たりがLDKで、LDKにもバルコニー全面に面した横型と、洋室または和室を並べた縦型のバリエーションがあります。

「田の字型プラン」は建物全体の構造がシンプルで、ボリューム（容積率）を目一杯使って住戸をたくさん入れやすく、建築コストを抑えやすいとされます（その分、販売価格も抑えやすい）。逆に、共用廊下に接する居室のプライバシーが確保しにくい（窓のすぐ外を他人が通る）ことや、外気に接する部分が短辺に限られるので住戸内の通風や採光にやや難があります。こうしたデメリットを解消するため、住戸を正方形に近づけた「ワイドスパン」、玄関を長辺の中央あたりに設けた「センターイン」などの工夫も一時、見られました。

ただ、昨今の不動産不況で価格を落とすことが最優先されるようになり、単純な田の字型プランがまた増える傾向にあります。

Q.32

日本で定期的に起こってきた新築マンションブームはこれまで何回あったでしょうか？

①3回
②8回
③12回

A.32

答え ②

これまで日本では、何回かのマンションブームがありました。最初は、東京オリンピック前後の昭和30年代後半。次が昭和40年代前半。第3回目が石油ショック前の昭和40年代後半。この頃から首都圏では毎年4万戸程度の新築マンションが分譲されるようになりました。

第4次マンションブームとされた1978年（昭和53年）には首都圏で5万4700戸を記録。その後、80年代前半は深刻な不動産不況に見舞われましたが、85年からのバブル景気で大いに盛り上がり、第5次マンションブームへ。

バブル崩壊後、一時的に供給数は落ち込みましたが、金利の低下などから1994年（平成6年）に首都圏では年間7万9897戸に急増し、第6次マンションブームに。しばらく高水準の供給が続き、2000年（平成12年）には過去最高の9万5635戸を記録しました。

その後、一時落ち込みましたが、2004年（平成16年）頃から再び供給増と価格の上昇が起こり、これが第7次です。

別の数え方もありますが、これまでおおむね7回ないし8回のマンションブームがあったといえるでしょう。

Q.33

先進国の中で日本の住宅の「寿命」は最も短いといわれますが、住宅の「寿命」はどのように調べるのでしょうか？

①全国で一定の**サンプル**を**調べて平均**をとる

②実験室内に**実物を設置**し、気温変化や風雨などの**劣化試験**を行う

③現在の**住宅ストック数**を**毎年の新築数で割る**

A.33

答え ③

現在、日本の一戸建ての寿命は30年弱、マンションは50年弱といわれます。欧米ではこれより長く、たとえばアメリカは１００年、イギリスは１４０年、フランスは85年程度とされます。

日本の住宅の「寿命」はなぜこんなに短いのでしょうか。それを考えるヒントは、実は「寿命」の計算方法にあります。人間の場合はいつ生まれていつ亡くなったのか、かなり詳しい個別データがあり、人口動態として発表されています。しかし、住宅では残念ながらそれほど細かいデータはありません。そこで、住宅の「寿命」については、その国の住宅ストックに対して、毎年どれくらいの割合の新築住宅が造られているかで計算します。つまり、その国にある住宅が何年で建て替えられるか、という数値を「寿命」といっているのです。単純化すれば、ストックに対して新築住宅をたくさん造っているほど、住宅の寿命は短くなります。日本の住宅の寿命が短いのは単純に性能が低かったり耐久性が劣るからというより、どんどん新築や建て替えが行われてきたことも大きな原因でしょう。

これから新築住宅の建設数が減り、既存の中古住宅をリフォームしたり手入れして長く使うようになれば、結果的に日本の住宅の寿命は長くなるはずです。

Q.34

住宅の寿命をもっと延ばすため、最近、日本で長持ちする住宅のコンセプトとしてよく言われる「ＳＩ」とは何の略でしょうか？

①**S**uper **I**ntelligent（**最先端技術**という意味）の略

②**S**ustainable **I**nstallation（**持続可能**な設備という意味）の略

③**S**keleton and **I**nfill（**躯体**部分と**設備・仕上げ**部分という意味）の略

A.34

答え ③

SI住宅は「Skeleton and Infill（スケルトン・インフィル）」の略とされます。スケルトンとは建物の柱・梁・床などの構造のこと。インフィルとは住戸内の内装や設備のこと。両者をなるべく分離し、スケルトンは長く持つように（耐久性）、インフィルは住む人のニーズに応じて柔軟に変更しやすく（可変性）、建物をつくろうというわけです。

この発想はもともと、1960年代にオランダのハブラーケンという建築家が打ち出した「サポート・インフィル」という概念がベースになっています。ハブラーケンの主張は、第二次世界大戦後、住宅の大量生産による画一的な住まいづくりへの批判に主眼がありました。サポート（スケルトン）部分は大量生産でも、インフィル部分は住む人の個性やニーズを生かした多様なものにしようという主張です。

日本のスケルトン・インフィルはそれとは違い、住宅、特にマンションの耐用年数を伸ばすところに焦点が当たっています。10年ほど前から国土交通省が技術的な研究を進めたり、都市公団がKSIと名付けた公団型スケルトン・インフィルのモデルプランを発表したりすることで、徐々にSIというコンセプトが広がってきました。

スケルトン・インフィルは、一定の条件を満たせばどこかの機関が認定するといった類のものではありません。どういうつくり方をすれば耐久性が高く、しかも住む人の変化に応じて間取りなどを柔軟に変えられる住宅ができるかが重要です。

Q.35

中古住宅の売買で、これからは「ホームインスペクション」が常識になるといわれていますが、この「ホームインスペクション」とは何のことでしょうか?

①**売主**の信用力を含めた**身元調査**

②建物や設備の**劣化診断**

③登記等の**権利関係の調査**

A.35

答え ②

インスペクション（inspection）とは英語で、綿密な検査、精査のことです。ソフトウェアの世界では、できあがった仕様書やプログラムなどを、実際に動作させることなく人間の目で見て検証する作業をインスペクションといいます。

「ホームインスペクション」は「住宅診断」と訳されます。住宅の劣化状況、欠陥の有無、改修すべき箇所やその時期、おおよその費用などを見きわめ、アドバイスを行う業務のことです。米国では州によって異なりますが、取引全体の70～90％の割合でホームインスペクションが行われています。

日本でも中古市場の拡大にともない、売買にあたって専門的な第三者が住宅診断を行う必要性が認識されるようになり、2008年（平成20年）に「日本ホームインスペクターズ協会」が設立されました。同協会には、東京、名古屋、大阪などの住宅診断に携わるホームインスペクター約200名（2010年2月時点）が登録、住宅購入者が安心して住宅を購入できるよう、瑕疵（欠陥）の有無などを診断できる専門家を育成し、新築・中古住宅流通市場の透明化・活性化を促進させることを目的に、ホームインスペクターの研修・試験や消費者への紹介、建物知識の普及活動を行っています。同協会は2009年（平成21年）にNPO法人として登記し、同年11月には第1回目の「公認ホームインスペクター資格試験」を実施しました。

4時間目

理科

Q.36

住宅の設計上、東西南北の正確な方角は不可欠ですが、通常「北」はどうやって求めているのでしょうか？

①**方位磁石**で確認する
②**太陽の南中**で確認する
③**星座**を見て確認する

ヒント

建築基準法では、建物の建築にあたって周囲の日照を確保するため、北側斜線制限や日影規制といった規定がいろいろあり、建物の高さや形状に影響を及ぼします。これらの規定は方位と密接に関係するので、建物の設計にあたっては方位をはっきりさせる必要があるのです。

A.36

答え ②

建築基準法では、周囲への日照の影響などを軽減するために、北側斜線制限や日影規制などを設けていて、方位が非常に重要になります。敷地の形状と方位がはっきりしないと、建物の設計は正確にはできないのです。

ところが、磁石の北（磁北）は、本当の北（真北）とは少しずれています。地球自体が巨大な磁石なのですが、北極の磁極（N）と南極の磁極（S）を結ぶ軸が、地球の回転軸とは一致せず、しかも磁極自体、移動しているからです。専門的になりますが、地磁気子午線と地理学上の子午線とのなす角度（磁気偏角）は、２０００年（平成12年）１月１日において、東京西南部で7度（磁北が真北より時計の逆回り方向へ）ずれているそうです。

真北を見つけるには、太陽の南中（太陽が昼に最も高い位置に来る時）を影の長さによって確認するのが最も簡単です。また、古代から北極星を目安にする方法もよく利用されてきました。一方、飛行機は磁方位で飛行しています。いちいち星座で確認しているわけにはいかないですし、地球上をどんどん移動しているので偏角も変わるからです。家相を調べる場合なども、磁北を使うか真北を使うかでずれがでるので、注意すべきでしょう。

Q.37

騒音を表す単位をdB＝デシベルといいます。図書館の騒音レベルは一般に40デシベルといわれますが、それでは街中の交差点の騒音レベルは次のうちどれでしょうか？

① 50デシベル
② 70デシベル
③ 100デシベル

A.37

答え ②

「dB（デシベル）」とは、基準の信号と比較してどの程度大きいか、小さいかを対数の数値で表現するものです。

音量の場合、通常の人の耳に聞こえる最小の音圧（2×10^{-5} N／㎡）に対して、どの程度大きいかを表したものです。身近な音をこのデシベルで表すと、だいたい次の表のようになるといわれています。対数の数値なので、数デシベルの差でもかなり違います。たとえば、騒音のレベルが3デシベルしか違わないとしても、音の大きさは1.4倍になります。

飛行機のエンジンの近く	120デシベル
自動車のクラクション（2m）	110デシベル
電車が通るガード下	100デシベル
犬の鳴き声、カラオケ	90デシベル
地下鉄や電車の車内	80デシベル
ステレオや騒々しい街頭	70デシベル
静かな車の車内、普通の会話	60デシベル
静かな事務所内、クーラーの室外機	50デシベル
図書館、静かな住宅街	40デシベル
郊外の深夜、ささやき声	30デシベル
木の葉の触れ合う音、置時計の秒針	20デシベル

Q.38

住宅の性能のひとつに、遮音性があります。遮音性を考えるときに重要な「暗騒音（あんそうおん）」と呼ばれる現象について、正しい説明は次のうちどれでしょうか？

①周辺の**明るさの度合い**によって人間の聴覚が影響を受ける現象

②**周辺が静か**なところでは、逆に小さな音が**聞こえやすく**なる現象

③遮音性が高く静かすぎると、**耳の底でキーン**という音がする現象

A.38

答え ②

「暗騒音（あんそうおん）」とは、特定の場所にいたときに聞こえる周囲の雑音のことで、遮音性と密接な関係があります。遮音性が特に問題になるのは、集合住宅であるマンションでしょう。たとえばマンションの住戸で、隣や上下との遮音性が問題になっているとき、周辺の道路の騒音や街のざわめきなどが暗騒音にあたります。そして、暗騒音が大きいと隣や上下の音はあまり気にならず、暗騒音が小さいと少しでも物音がすれば気になるものです。

一般に、対象となる音と暗騒音の音圧レベルの差が10dB以内だと、対象の音は暗騒音に打ち消されて、ほとんど聞こえなくなるといわれます。マンションの場合、暗騒音は通常、空気を伝わってくる音で、隣や上下階の音の多くは、コンクリートの壁など固体を伝わる音です。したがって、マンションの遮音性は単に、窓や壁の遮音性が高いか低いかだけで判断することはできません。周辺が非常に静かなところで窓の遮音性をあまり高くしすぎると、暗騒音が低くなって、コンクリートの壁などを伝わってくる隣や上下の音がはっきり聞こえるようになります。そういう場合は逆に、夜でも室内で暗騒音が固体伝播音に対して10dB以内になるよう、窓の遮音性を下げたりするほうがいいといえます。

Q.39

シックハウス症候群の原因物質にはいろいろなものがありますが、次のうち適切でないものはどれでしょうか？

① ホルムアルデヒド
② クロルピリホス
③ 塩化ナトリウム

ヒント

シックハウス症候群とは、新築やリフォーム後の住宅内で起こる倦怠感・めまい・頭痛・湿疹・のどの痛み・呼吸器疾患などの症状があらわれる体調不良のこと。主に建材や塗料などから発生する揮発性有機化合物が原因と考えられていますが、カビや微生物による空気汚染も原因になることがあります。

A.39

答え ③

シックハウス症候群の原因は主に、建物の部材や建材、家具などに使われている接着剤や塗料に含まれている揮発性有機化合物（Volatile Organic Compounds、略称VOC）であると考えられています。

厚生労働省はそこで、ホルムアルデヒド、アセトアルデヒド、トルエン、パラジクロロベンゼン、クロルピリホスなど13種類のVOCについて、濃度指針を発表しています。

このうち「ホルムアルデヒド」は、刺激臭を持つ無色の気体。水溶液はホルマリンと呼ばれます。毒性が強く、発ガン性があり、低濃度でも吸い込むと呼吸器系、目、のどなどの炎症を引き起こします。現在、建築基準法によりホルムアルデヒドを放散する建材の使用制限が設けられていますし、ホルムアルデヒドを放散する建材についてはF☆からF☆☆☆☆までの放散量によるランクがあり、F☆☆☆☆がもっとも放散量が少ないとされます。

「クロルピリホス」は有機リン化合物で、殺虫効果を持つことから農薬やシロアリ駆除などに用いられます。2008年（平成20年）2月の「毒ギョーザ事件」では、中国製の冷凍食品から検出されたことでも知られています。

なお、「塩化ナトリウム」は塩のことです。

Q.40

シックハウス症候群を防ぐなどの目的から、現在では住宅の室内の換気回数が決められています。正しいものは次のうちどれでしょうか？

①　2時間に1回、居室全体の空気を入れ替える

②　半日に1回、居室全体の空気を入れ替える

③　1日に1回、居室全体の空気を入れ替える

A.40

答え ①

人が生活する部屋（居室）には、採光と換気が不可欠であり、建築基準法では一定の基準を設けています。換気については、以前はキッチン、浴室、洗面所、トイレについてのみ専用の換気設備が必要とされていましたが、２００３年（平成15年）７月から建築基準法が改正され、シックハウス対策の一環として、すべての居室に24時間作動する換気設備が必要になりました。

換気回数の条件は、一般住宅の居室では最低０・５回／時間。使用する建材によっては０・７回以上必要なケースもあります。他にも、居室のある建物にはクロルピリホス（防蟻剤などの原料）を添加した建材の使用禁止、ホルムアルデヒドを発散する建材の内装仕上げへの使用の制限、天井裏の対策などが義務付けられています。

昔の日本の家はすき間が多く、すき間風で換気がされていた部分があります。改正された建築基準法でも、「相当すき間面積（C値）が15㎠／㎡以上」の建物には24時間換気システムを設置しなくてよいとされています。これは感覚的にいうと、窓はアルミサッシではない木製サッシ、壁や床も構造用合板などは使わず、冬などにあちこちからすき間風が入ってくるような家です。しかし、こういった家は省エネ性が低く、光熱費や二酸化炭素排出という視点からは望ましくありません。

Q.41

アレルギーなどの原因にもなるのがダニですが、マンションでのダニの発生のしやすさについて間違っているものは次のうちどれでしょうか?

①**1階住戸**は地面からの**湿気が多い**ので発生しやすい

②高層マンションの**上層階**は**換気が不十分**なので発生しやすい

③マンションは**コンクリートの箱**なので、ダニはもともと発生しにくい

ヒント
ダニが繁殖するには、温度、湿度、食べ物、産卵場所が必要といわれます。

A.41

答え ③

ダニが繁殖するには、温度、湿度、食べ物、産卵場所が必要といわれます。具体的には、温度が20～30度で湿度60％以上、人の垢やフケ、食べこぼしなどが多く、カーペットや布団などがある場所では、爆発的に繁殖することもあります。

部屋別では、寝室や居室には多く、台所や客室には少ないといわれるのは、こうした条件の違いといえます。

マンションでは、5階建て程度までであれば、1階の住戸のほうがダニが多く検出されるとか。これは、地面から発散する湿気で室内湿度が高くなりやすいからと考えられます。また、超高層住宅で、冬季の床面のダニ数が1～14階より21～25階のほうが多いという調査があります。これは20階以上の住戸は窓を開ける頻度が低くなり、室内の湿度が高くなるためと考えられます。

Q.42

大地震では、多くの建物が被害を受けます。その理由、メカニズムにはいくつかありますが、次のうち不適切なものはどれでしょうか？

①**縦揺れ**で柱が抜けるため

②横揺れの周期と建物の固有周期が一致して**共鳴現象**（共振）が起こるため

③建物の柱など部材の**強度が不足**しているため

ヒント
地震の揺れには、早く伝わるP波（縦揺れ）と遅く伝わってくるS波（横揺れ）があり、地震予知をはじめ列車やエレベーターの自動停止装置などは、P波を感知することを基本にしています。

A.42

答え ①

建物が地震の揺れで被害を受けるのは、ひとつには柱や梁など構造を支える部材の強度が不足しているためです。強度不足は、設計ミス、手抜き工事、腐食や錆の影響などいろいろな原因が考えられます。

建物に被害が生じるもうひとつの理由は、建物の固有振動数（固有周期）と地震の持つ強い揺れの周期が一致し、共鳴現象が起こることです。あらゆる物体には、その物体にとって振動しやすい振動数（周期）があります。外部から与えられる振動が、この固有振動数に近づくにつれ物体の振幅が急激に増大するのです。かつて関東大震災では、地盤の影響で下町では揺れの周期が比較的長かったため、固有周期が比較的長い木造建物に大きな被害が生じ、山手では揺れの周期が比較的短かったため、固有周期が比較的短い土蔵の被害が目立ちました。

超高層建築物はこの原理を応用して、鉄骨造などの柔構造で建物の固有周期を非常に長くし、大地震の際にはゆっくり揺れるようにしています。免震構造も似た発想で、免震装置を建物と基礎の間に設置し、大地震の際には固有周期が伸びるようにしています。

なお、地震の縦揺れはそれほど強くなく、また重力の力は非常に大きいので（重力加速度1G＝980㎝／S^2）、柱が抜けるというのはまずありえません。柱が抜けるとしても、それは横揺れの影響です。

Q.43

住宅の構造には左記のような種類がありますが、このうち現在、日本で戸建て住宅として最も多く建てられているものはどれでしょうか？

①木造在来
②ツーバイフォー
③プレハブ
④鉄筋コンクリート（RC）
⑤鉄骨鉄筋コンクリート（SRC）
⑥重量鉄骨（S）

ヒント

建物の構造は、柱や梁などの躯体をつくる部材の材料によって区分されます。そして、一般にはそれぞれの国で手に入りやすい材料を用いて住宅を建てる傾向があります。

A.43

答え ①

住宅の構造には、木造在来（木造軸組）、ツーバイフォー、プレハブ（木質系、鉄骨系、コンクリート系）、重量鉄骨造、鉄筋コンクリート造などがあります。

このうち、いまでも日本の戸建て新築住宅では木造在来工法が7割ほどを占めます。木造在来工法は柱・梁・土台など木の軸材で躯体をつくる日本の伝統的な工法であり、設計の自由度の高さ、増改築の容易さなどが特徴です。

ツーバイフォー	2インチ×4インチ（約5センチ×10センチ）の断面の木を並べ、両側から合板を張ってパネルにし、壁や床をつくる工法です。北アメリカで発達したもので、本来は施工のしやすさやコストの安さ、耐力性の高さが特徴とされます。日本ではむしろ、輸入住宅風のデザインで人気があります。
プレハブ	部材を工場において規格生産した住宅です。品質の安定や工期の短縮などがメリットとされます。骨組み（構造材）の種類によって、木質系、鉄骨系、コンクリート系に分類され、鉄骨系がもっとも多くなっています。
鉄筋コンクリート（RC）	圧縮に強いコンクリートと引張りに強い鉄筋を組み合わせた構造です。耐震性、耐火性、耐久性に優れ、自由度の高い設計に適しており、マンションでは一般的ですが、個人住宅（一戸建て）ではそれほど多くありません。重量がある分、しっかりした支持地盤が必要になります。
鉄骨鉄筋コンクリート（SRC）	鉄筋コンクリートの柱や梁の中に鉄骨を入れた構造です。鉄筋コンクリートより同じ断面積でも耐震性などが高く、高層建築物によく用いられます。
重量鉄骨（S）	中層の建築物によく使われます。鉄は特有の強度、粘り強さがあり、また品質が安定しているのが特徴です。比較的リーズナブルなコストで頑丈な建物が造れますが、鉄は火熱と錆に弱いため、防錆と耐火が重要です。

Q.44

建築でよく使われるコンクリート。その原料となる生コンは非常にデリケートな性質があり、水の割合や工場から運ぶ時間などが厳密に定められています。次のうち、生コンの取扱いの条件として正しいものはどれでしょうか？

①冬でも生コン工場から**工事現場まで1時間半以内**に運ばなければならない

②打設中、スムーズに流れなくなったら**水を少量だけ、加える**ほうがいい

③夏、天気のよいときは乾燥が早まるので、**覆いなどはしない**ほうがいい

A.44

答え ①

生コンは、セメント、骨材（砂、砂利）、水、少量の添加剤を練り混ぜてつくられる建築材料です。品質を標準化するため日本工業規格（JIS）の対象となっていて、レディーミクストコンクリートと呼ばれます。「生コン」というのは通称です。

生コンは、配合するセメントなどの種類、柔らかさ、混ぜる砂利などの寸法など細かく指定した上で発注、製造されます。生コンは固まると非常に強固になりますが、固まるまでは逆にデリケートな性質があります。

まず、生コン工場で混ぜ合わせてから工事現場で型枠に流しこむまでの時間が問題になり、通常90分以内に打設しなければならないとされます。

打設するときも、ポンプの距離が長くなったり、型枠の幅が狭いところなどに流し込みにくいからといって水を加えたりすることは厳禁です。雨が降っているときも、水量の配合が変わるので見合わせます。

打設後、夏の暑いときや、風が強いときは急速に乾燥し、クラックが入りやすくなります。冬は寒さで水分が凍結し、やはり十分な強度が出ないことがあります。こうしたことを防ぐため、型枠に流し込んだ後は養生シートなどを掛け、生コンを守ることが大事です。

生コンを打つときは、さまざまな条件を考慮して、計画する必要があります。時には交通渋滞が問題になることもあるので、注意が必要です。

Q.45

新築マンションの広告で「100年コンクリート」という表現をみかけますが、これはどのようなコンクリートを指すものでしょうか?

①耐久性が100年近くあると**実験で証明**されたコンクリート

②100年に1度の大地震にも耐えられると**設計上、想定**されるコンクリート

③強度が高く、100年は**大規模補修が不要と考えられる**コンクリート

④建設会社が100年**保証を付けた**コンクリート

A.45

答え ③

鉄筋コンクリートは、圧縮に強いコンクリートと引張りに強い鉄筋を組み合わせたものです。これは、熱で伸び縮みする割合が偶然同一であることとともに、強アルカリ性のコンクリートが錆びやすい（酸化しやすい）鉄筋を包みこむことで可能になっています。

そのため、鉄筋コンクリートの寿命は基本的に、コンクリートの中性化の進行度合いに比例します。コンクリートの中性化とは、大気や雨水がコンクリートに浸透し、セメントのアルカリが中和されること。コンクリートには細かいすき間があり、そこから大気や雨水が浸入するのです。また、中性化速度は、基本的にコンクリートの強度に比例するとされ、目安となるのが日本建築学会が発表している鉄筋コンクリートの耐久性基準です。それによると、コンクリートの表面1ミリ平方メートル当たり30N（ニュートン）の強度があれば、最大100年間は躯体の大規模補修をせずに使用できるとされています。ただし、これはあくまで想定された目安でしかなく、実際に100年間もつという保証があるわけではありません。

■日本建築学会の鉄筋コンクリート耐久性基準

区分	大規模修繕不要期間※1	供用限界期間※2	耐久設計基準強度※3
一般	30年	65年	$18N/mm^2$
標準	65年	100年	$24N/mm^2$
長期	100年	−	$30N/mm^2$

※1．大規模な補修をせずに鉄筋の腐食やコンクリートの重大な劣化が生じない予想期間

※2．躯体の大規模補修をせずに継続使用できる限界と予想される期間

※3．$1N/mm^2=9.8kg/cm^2$で、$1cm^2$当たり約10kgの圧縮力に耐えられる強度

Q.46

建物の構造材を腐食させ、カビなどの原因にもなるのが結露です。結露が起こる季節について、正しい説明は次のうちどれでしょうか?

① **冬にしか**起こらない
② 冬のほか、**夏にも**起こることがある
③ **1年中**、起こるものである

ヒント
結露とは、大気中に含まれる水蒸気が冷たい物質に触れて水滴になる現象です。発生する場所によって、大きくは「表面結露」と「内部結露」とに分けられます。

A.46

答え ③

表面結露にしろ内部結露にしろ、結露は冬に発生するものと考えられています。暖房で暖められた室内の空気は大量の水蒸気を含んでおり、それが冷たい外気と接するところ（窓ガラスや壁の中の外壁材と接するところ）で水滴になるわけです。

こうした冬の結露を防ぐには、室内の水蒸気量を減らすことが重要です。具体的には、燃焼にともない大量の水蒸気が発生する灯油ストーブやガスストーブの使用を控える、入浴後は換気扇を数時間動かす、寝る前に除湿機を北側の部屋で動かす、といったことです。また、窓はペアガラス、窓枠は樹脂製など断熱性の高いものにするのも効果的。壁については、室内側に防湿フィルムを貼って、壁の中への水蒸気の浸入を防ぐことが重要です。

しかし、同じ現象は夏にも発生することがあります。たとえば、湿地の近くや北向きの傾斜地などは湿度が高く、大気に水蒸気が多く含まれます。それが、エアコンで冷やされた住宅の窓や壁に触れると、水滴を生じるのです。壁の中での結露は、冬とは逆に、室内の下地壁と接するところで発生します。夏の結露を防ぐには、冷房の設定温度をあまり低くしないことが効果的。なお、夏の内部結露は早く乾くので、冬に比べればそれほど心配はいらないでしょう。

Q.47

住宅の壁には、「大壁（おおかべ）」と「真壁（しんかべ）」という区別がありますが、その違いは次のうちどれでしょうか？

①**厚み**が柱とほぼ**同じ**壁が「大壁」、柱よりずっと**薄い**のが「真壁」

②建物の**構造を支える**のが「真壁」、構造的には**飾り**なのが「大壁」

③**柱を見せる**のが「真壁」、柱を見せず**隠す**のが「大壁」

A.47

答え ③

壁の作り方には、大壁と真壁の2つのタイプがあります。違いは、柱を見せるかどうかということ。もともと日本では木の柱や梁を用いる（木造在来工法）ことから、真壁が一般的です。銘木の木目や木の香りを楽しんだりするには真壁のほうが優れているといえるでしょう。逆に、真壁では壁と柱の間にすき間が生じやすく、気密性の確保が難しいとされます。

一方、欧米の石積み構造やツーバイフォー、鉄筋コンクリートのマンション（住戸内）などは大壁が一般的です。大壁は壁を合板などで覆うので、気密性を高めやすいというメリットがあります。

ただし、現在は木造在来の住宅でも、気密性、断熱性を高めたり、洋風のイメージを出したりするため大壁がよく用いられます。また、ツーバイフォーや鉄筋コンクリートのマンションでも、和風のイメージを出すため木の付け柱を使い真壁のように見せることもあります。

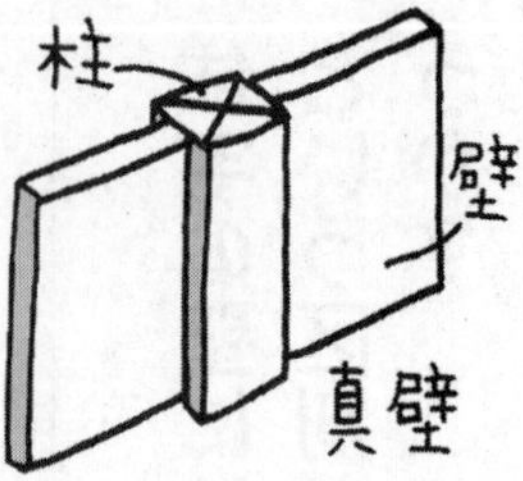

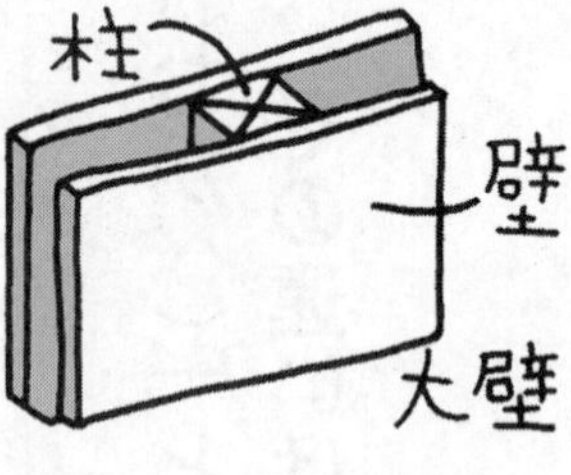

Q.48

木造系（在来木造、ツーバイフォー、木質系プレハブなど）の住宅にとって、最も注意しなければならないのがシロアリの被害です。では、日本に生息するシロアリのうち、最も被害をもたらすのは次のうちどれでしょうか？

①イエシロアリ
②ヤマトシロアリ
③ニホンシロアリ

ヒント

シロアリの被害としては、建物の土台や柱などの木材を食べることがあげられます。木部が白アリに食べられると想定した強度が確保できなくなり、ちょっとした地震でも大きな被害が生じます。

A.48

答え ①

シロアリ（白蟻）はゴキブリの仲間で、ハチの仲間であるアリとはまったく別の種類です。群れで生活し、植物のクズなどセルロースを分解します。アリとシロアリの見分け方は、アリの翅（はね）は前翅が後翅より大きいのに対して、シロアリの翅は4枚ともほぼ同じ大きさ。また、アリは腰の部分が細くくびれていますが、シロアリはくびれはなく寸胴です。

日本には現在、20種類以上のシロアリが生息していますが、建築物に被害を与えるシロアリは主にヤマトシロアリとイエシロアリです。ヤマトシロアリは北海道北部を除く日本全土に分布しています。枯れ木の中に巣穴を作り、周辺の木を食べながら巣を広げていきます。場合によってはトンネルを造ってその中を移動したりしますが、広い面積を食べることはあまりありません。湿気を好み、建物の土台など下の部分に被害が発生しますが、被害のスピードは遅いとされます。

一方、イエシロアリは神奈川県より西の海岸線に沿った温暖な地域と千葉県の一部、それに南西諸島、小笠原諸島に分布しています。イエシロアリは地下に穴を掘り、木くずや土でかためられた大きな巣を作ります。イエシロアリは水を運ぶことができるので、湿った木材でなくても食べ、そのスピードも速くなりがちです。

シロアリの被害を防ぐには、土台など建物の下部の木材に防蟻処理を施すほか、ひのき、ひば、かしなど蟻害に強い木材を使うのも効果的です。

Q.49

地球温暖化対策の観点から、世界中で建築物の省エネルギー化を進める動きが強まっていますが、日本の建築物の省エネルギーは世界でどれくらいの水準にあるでしょうか？

①世界で**最も進んでいる**レベル

②トップとはいえないが、**そこそこ**のレベル

③先進国では**最も遅れている**レベル

ヒント

建物の省エネ性は、気候が厳しい国ほど水準が高い傾向があり、世界的には北欧やカナダの基準がリードしているといわれます。日本でも北海道では従来から、省エネ性の高い家づくりが行われています。

A.49

答え ②

建物の省エネルギー化は、地球温暖化対策の点からも世界的な課題です。

日本では、1980年（昭和55年）に初めて基準を定め、その後、1992年（平成4年）と1999年（平成11年）にそれぞれ改正され、次第にレベルがアップしてきました。

現在の基準は通称「次世代省エネルギー基準」と呼ばれています。内容は、建物の気密性と断熱性についてエリアごとに一定の数値基準を設けるほか、特に夏の冷房時のエネルギーを減らすために窓の遮蔽対策と断熱化が加えられています。欧米の同様の基準と比較すると、一番厳しい北海道など寒冷地エリアでほぼ同等。関東以西のエリアについては、欧米よりも低いですが、気候風土などが違う以上、単純な数値だけで比較できないとする意見もあります。

なお、欧米では省エネルギーの基準をクリアすることが義務化されているケースが多いのに対し、日本はあくまで目安としての扱い。その点では、まだまだ改善の余地が多く、基準をより厳格化する方向性も政府から打ち出されています。

Q.50

省エネなどの観点から、住宅に断熱は不可欠です。マンションの場合、断熱には内断熱と外断熱がありますが、両者について間違った説明は次のうちどれでしょうか?

① 内断熱の建物は、外断熱の建物より**寿命が短いことが証明されている**

② 内断熱も外断熱も、**施工をきちんと行わないと**期待された効果が出ない

③ 日本では**内断熱が**広く普及している

ヒント
建物が熱をためやすい鉄筋コンクリート造などについて、断熱層を内側に設ける方法を「内断熱」、外側に設ける方法を「外断熱」と呼びます。

A.50

答え ①

鉄筋コンクリートのような熱をためやすい建物では「内断熱」より「外断熱」のほうが、基本的には断熱のメリットは大きいと考えられます。なぜなら、「外断熱」にすると熱をためやすい建物が外気温から遮断されるからです。鉄筋コンクリートが外気にそのまま接していると、夏は日中に熱をためこみ、夜になるとその熱を放出するので、冷房がききにくくなります。冬は逆に暖房がききにくくなります。

現在、ほとんどのマンションでは屋上が外断熱になっていますが、外壁については内断熱が一般的です。これは断熱材を外壁の外側に取り付けることが難しいことが大きな理由です。当然、断熱性は落ちますが、日本のマンションは窓など開口部が大きくそこから熱が侵入しやすいこと、バルコニーの部分が熱橋（熱が伝わる部分）になりやすいこと、など「内断熱」のマンションと比べて大きな差があるとはいえないとする意見もあります。

※なお、木造のように熱をためにくい構造の場合、断熱層を内側に設ける方法を「内張り断熱」、外側に設ける方法を「外張り断熱」といって、鉄筋コンクリートの建物などと区別します。

Q.51

建築では、地盤や建物の性質に関するいろいろな数値があり、アルファベットの記号を用いて表されます。次のうち、アルファベットの表記について日本語名称が間違っているものはどれでしょうか？

① C（シー）値＝相当すき間面積
② Q（キュー）値＝熱損失係数
③ N（エヌ）値＝標準貫入試験値
④ S（エス）値＝省エネルギー指数

A.51

答え ④

住宅の機能面で指標になるのが各種の数値です。それぞれの意味を理解しておくと、住宅についての理解が格段に深まることでしょう。

「C値」とは、気密性を表す数値です。具体的には、建物の延床面積に対して、どれくらいのすき間が壁、床、天井などにあるかを測ったもので、単位は㎡／㎡です。C値がゼロに近いほどすき間が少なく、気密性能が高いことになります。

「Q値」とは、熱損失係数と呼ばれ、住宅の断熱性能を表したものです。建物の内部と外気の温度差を1度としたときに、建物内部から外部へ逃げる時間当たりの熱量を床面積で割った数値で、単位はKcal／㎡・h・℃または、W／㎡・Kで表示されます。値が小さいほど断熱性能が高く、設計図面などから計算で求めます。

「N値」とは、いわゆるボーリング試験を行って求めた地盤の強度を表す数値です。測定方法はJＩSに規定があり、「質量63・5kgのハンマーを76㎝自由落下させ、ボーリングロッド頭部に取り付けたノッキングブロックを打撃し、ボーリングロッド先端に取り付けた標準貫入試験用サンプラーを地盤に30㎝打ち込むのに要する打撃回数」とされます。N値が大きいほど地盤が硬いということになり、一般にはN値が50を超える地盤を「硬い地盤」としています。マンションで杭基礎の場合、N値50以上の層が5m以上確認できたところを支持地盤とするのが一般的です（その地盤まで基礎杭を打ち込みます）。

Q.52

現在、建築物の設計にあたっては、構造計算を行うのが一般的です。それでは、20世紀前半に活躍したスペインの著名な建築家、アントニ・ガウディは、現在のような構造計算の方法がまだなかった当時、どのようにして独特の形状を持つ建築物を設計していたのでしょうか？

①**ひもを吊り下げ**たときの形状を上下、逆にした

②**高い場所から水を流して**、その形からイメージした（流体力学の原理を応用）

③（ピラミッドやピサの斜塔など）**古今東西の建築物を参考**にした

A.52

答え ①

建築物は、建築物自体の重さはもちろん、風や地震などの外から加わる力などに対して安定した状態を保つよう、あらかじめ力学の見地から検討する必要があります。これが「構造計算」です。現在ではいろいろな解析手法が開発されており、コンピュータを利用して複雑な計算も行われます。

しかし、ガウディが活躍した19世紀後半から20世紀前半には、コンピュータはもとより構造計算についての基本的な理論もまだ十分解明されていませんでした。それまでの建築物は、大工や石工など職人の経験に頼ってつくられていたのです。そんな中で、ガウディは独自の方法で構造力学の問題を解決し、グエル教会地下聖堂やサグラダ・ファミリア聖堂など独自の形態を持つ建物を次々に設計しました。

その方法というのは簡単にいうと、ひもを吊り下げてできる曲線を型に写し、それを天地逆にしてレンガを積むというもの。ひもの両端を持ちぶら下げてできる曲線をカテナリー曲線、懸垂曲線といって、力学的には重力による引張り荷重に対して安定的な形をしています。これを天地逆にすれば、圧縮荷重に対して安定的な形になるとガウディは考えたのです。実際には、多数のひもを組み合わせ、錘をつり下げたりしなければならず、何度も何度も実験を繰り返す必要があったといいます。

5時間目

地理

Q.53

２０１０年現在、完成した建築物として世界で最も高い（屋根部分まで、アンテナ含まず）のは次のうちどれでしょうか？

① 台北１０１（４４８m　１０１階）
② シアーズ・タワー（４４２m　１１０階）
③ ブルジュ・ハリファ（６４３m　１６２階）

A.53

答え ③

世界で一番高い建築物は、1973年からながらく「シアーズ・タワー」でした(2009年に「ウィリス・タワー」に名称変更)。

2004年にオープンした「台北101」がその座を奪ったものの、2009年に竣工した「ブルジュ・ハリファ」がすぐそれに変わります。

ブルジュ・ハリファは建設段階ではブルジュ・ドバイ(「ドバイの塔」)という名称でしたが、金融危機の影響を克服するにあたって貢献した、アラブ首長国連邦最大の国アブダビ首長国の首長の名前を冠することになったといわれます。地上162階建て、軒高は643m、尖塔までだと818mにもなります。設計は「シアーズ・タワー」と同じく、アメリカの著名な建築事務所スキッドモア・オーウィングズ・アンド・メリル(SOM)です。

なお、クウェートでは現在、高さ1,001mの「ブルジュ・ムバラク・アル=カビール」(2016年竣工予定)が計画されています。ドバイにも高さ1,400mの「アル・ブルジュ」、サウジアラビアには高さ1,600mの「マイルハイタワー」(Mile-High Tower)など、他にもいくつか超高層ビルの建設計画がありますが、サブプライムローン問題に端を発する世界同時不況の余波で、着工延期などの影響も出始めています。

Q.54

日本のニュータウン開発などにも大きな影響を与えた「田園都市」という言葉があります。この意味の言葉が最初に生まれたのは次のうちどれでしょうか？

①**20世紀初頭**、**イギリス**の都市計画家による郊外ニュータウン構想として生まれた

②**第二次大戦後**、**スウェーデン**で都心と近郊を結ぶ鉄道路線を建設するにあたって、路線名として生まれた

③**20世紀前半**、**アメリカ**の新興住宅地を開発した不動産会社が用いた広告コピーとして生まれた

A.54

答え ①

「田園都市」とは、英語のGarden Cityの日本語訳です。これはもともと、イギリスの社会改良家エベネザー・ハワードが構想した都市と農村、それぞれの長所を併せ持つ新しい都市のあり方のことです。当時のイギリスでは、首都のロンドンに人口が集中し、住宅などの整備が追いつかない中、労働者が劣悪な生活環境に苦しんでいました。そこでハワードは、大都市近郊に自立した職住接近型の都市をつくることを提唱したのです。こうした考えをハワードは1898年に『明日―真の改革にいたる平和な道』という題で出版し、1902年には『明日の田園都市』と改題しました。ハワードはまた、田園都市を自ら実現するために株式会社を設立し、1903年ロンドンから北へ55㎞のところに世界で初めての田園都市レッチワースをつくりました。1920年には二つ目の田園都市ウェルウィンも開発しています。

ハワードの「田園都市」構想とその実例は世界中に大きな影響を与え、20世紀前半にはすでに世界各地にニュータウンがつくられました。日本でも関西では小林一三が沿線周辺で駅前に噴水やロータリーを設けた宅地開発を行い、東京では渋沢栄一らが洗足や田園調布などの分譲地を開発しました。

ただ、日本など世界中で開発されたニュータウンは基本的に大都市のベッドタウンであり、ハワードが考えた自立した職住接近型の都市とは違いがあります。

Q.55

アメリカにも、日本のようにマンション（集合住宅）や個人住宅（一戸建て）などいろいろなタイプの住宅がありますが、ローコストな住宅として最も普及したのは次のうちどれでしょうか？

① ログハウス
② ボートハウス
③ モービル・ホーム

A.55

答え ③

20世紀は自動車の世紀といわれます。自動車の工業生産を最初に始めたアメリカは、国土の広さもあって多様な自動車文化が早くから発展しました。そのひとつが「モービル・ホーム」です。これはキャンピングカーの外観をしながら、特定の場所に定住する目的で設置される住宅のことで、「タイヤがついたプレハブ住宅」といえるでしょう。

もともと、オートキャンプ用として箱型の部屋にドア、窓、ベッド、ダイニングテーブル、キッチン、トイレ、シャワーなどを一通り備えた牽引式の車両が造られ、その後、法律の規制が緩和されるにつれて大きさや設備が拡大。しかも、価格は通常の一戸建ての4分の1程度だったため、少人数向けのローコスト住宅として一気に普及したのです。アメリカでは1972年に年間57万戸のモービル・ホームが出荷され、アメリカ全土の新築戸建て住宅の3分の1を占めたといわれます。1976年には全国共通のモービル・ホーム用の基準が制定され、正式な住宅として認知されました。80年代から90年代にかけても、モービル・ホームが新築戸建て住宅で20%程度のシェアを持っていました。

日本でも20年以上前から輸入され、「トレーラー・ハウス」と呼ばれていますが、法的な扱いがはっきりしておらず、また住宅に対する文化的な違いもあってあまり普及していません。

Q.56

イヌイットの伝統的な家として「イグルー」と呼ばれる氷の住居があります。このイグルーの内部は、どれくらいの温度でしょうか？

①外気温よりやや高いくらいで**マイナス20度以下**になることもある

②風は防ぐので、**零度前後**でほぼ安定している

③中では火も使うので、**意外に暖かい**

A.56

答え ③

「イグルー」とは、北極圏などの先住民であるイヌイットの人たちが雪や氷で造る簡易住居のことです。イヌイットの人たちは、魚や獣の狩りをしながら移動して生活します。そこで、身近にある雪や氷を使って住居を造るようになりました。

イグルーの造り方はシンプルです。雪や氷を切り出して、下から円形のドーム状に積み上げていくだけ。しかし、ドームは力学的に安定していて、強風にも十分耐えられます。また、ドームをいくつか連結することで、内部には居室や通路、倉庫などが設けられています。特に、いつも家族が過ごすドームの床にはアザラシの毛皮などが敷かれ、火を使って炊事もできます(窓や換気用の小穴もあります)。こうした内部の熱で雪や氷のすき間がふさがれ、外の寒気や風を遮断するため、意外と暖かいのです。

ただし、イグルーの内部はどうしても湿度が高く、長く住むには適しません。あくまで移動用の簡易住居です。

Q.57

モンゴルの伝統的な移動式住居「ゲル」では、厳しい冬を乗り切るためにある暖房の方法が使われてきました。それは次のうちどれでしょうか？

①**火**（床下にその熱を通す）
②**地熱**（地熱の高い場所を探してゲルをつくる）
③**羊のフン**（自然発酵させる）

A.57

答え ③

「ゲル」はモンゴルの遊牧民が使ってきた移動式の住居です。柱を中心に立て、そこから放射線状に梁を延ばし、これにヒツジの毛でつくったフェルトをかぶせて、屋根と壁の代わりにします。外周の壁の部分は菱格子になっていて、格子の接合部がピン止めなのでジャバラ式に折り畳むことができます。

内部は直径が４～６mほどあり、居室や炊事室などに分かれています。夏の暑いときは外周のフェルトをめくり風通しをよくしますが、問題は冬。モンゴルの草原ではマイナス20～30度にもなります。そこで、屋根や壁のフェルトを二重張りにしたり、オオカミなどの毛皮を張り巡らしたりします。また、暖房のためにストーブを焚きます。さらに、伝統的に利用されてきたのが羊の糞による床暖房です。床のフェルトの下に乾ききっていない羊の糞を敷き詰め、発酵熱を利用するのです。大変暖かいものの、臭いはかなりきついようです。

なお、現在も首都ウランバートルの市内には、鉄筋コンクリートなどで建てられた普通の家の庭にゲルを建てて生活する人がいます。また、水道なし風呂なし共同トイレで不便ですが、家賃が安いため庶民住宅としてゲルで生活する人たちも結構、いるそうです。

Q.58

中国南部、福建省には客家（はっか）と呼ばれる人たちが何百年も前から暮らす独特の集合住宅があります。この集合住宅はどんな形をしているのでしょうか？

①山の中腹に穴を掘った**横穴式**

②周辺で産出する石を使った**尖塔型の石積み**

③土と木でつくった、丸い円形状の**土楼**

ヒント

客家（はっか）はもともと華北の黄河流域、中原と呼ばれる地域に住んでいた漢民族の子孫とされます。3世紀から12世紀にかけて南へ移住し、現在は広東省、福建省、江西省、湖南省、四川省などに広がっています。また、華僑（在外華人）としてマレーシア、シンガポール、タイなどの東南アジアに暮らす人も多く、華僑の約3分の1を占めるともいわれます。

A.58

答え ③

福建省の永定地方には、客家の一族が暮らす円形土楼といわれる建物があります。一種の集合住宅で、外周を厚さ1ｍあまりの土壁で覆い、その内側に4～5階建ての住戸を木造の丸太組でつくっています。1階は食堂と台所、2階は倉庫、その上に個室が連なっており、大きいものでは直径60ｍ、内部に60世帯、300人もの人たちが生活しています。一番古いものは17世紀末に建てられ、2008年には「福建土楼」としてユネスコの世界遺産に登録されました。

なお、この円形土楼は客家に共通の習俗というわけではなく、福建省の一部山間部の客家だけに見られるものだそうです。

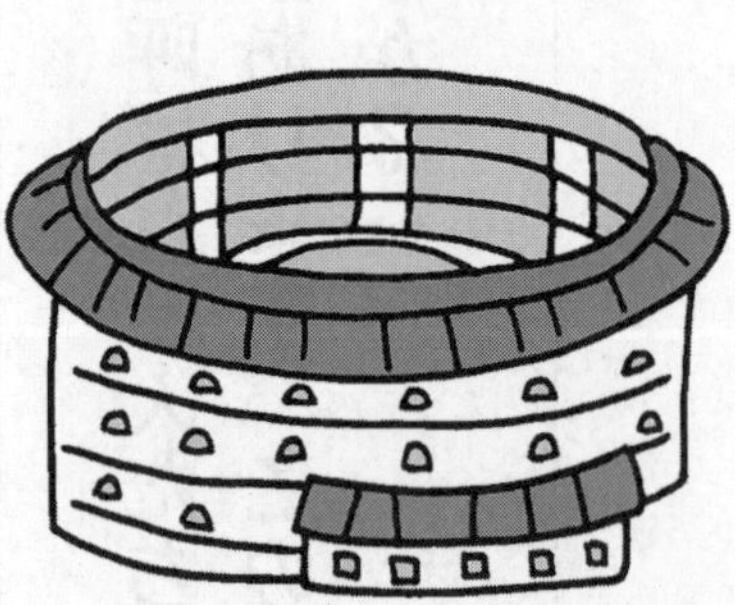

Q.59

いまや世界中の建築物で一番ポピュラーな鉄筋コンクリート。この建築構造が生まれたのは、いつ、どの国でだったでしょうか？

①紀元前２世紀頃、古代ローマで
②19世紀後半、フランスで
③20世紀前半、アメリカで

A.59

答え ②

鉄筋コンクリートは、引張りに強い「鉄筋」と圧縮に強い「コンクリート」を組み合わせた建築部材です。鉄とコンクリートの熱膨張率がほぼ等しいこと、また鉄は大気に触れると錆が発生するのですが、アルカリ性のコンクリートに包まれていると錆びにくいということも、鉄とコンクリートの組合せが優れている理由になっています。

鉄筋コンクリートが生まれたのは1867年のこと。フランスの植木鉢職人が、モルタル（コンクリートの主原料）の中にたまたま針金を網状にいれたところ、薄くて丈夫でひび割れの少ない鉢ができたことがきっかけでした。すぐ建築部材にも使われるようになり、日本では土木では1890年（明治23年）の横浜港の岸壁工事、建築では1904年（明治37年）の佐世保重工業ポンプ小屋（長崎）で早くも使われました。

20世紀に入ると、ガラスやアルミとともに、近代建築になくてはならない部材として世界中で広く使われるようになっています。

Q.60

中国では新築マンションを販売する際、日本と大きく違う点があります。それは次のうちどれでしょうか？

①多くの場合、**購入希望者の入札**で販売価格が決まる

②**躯体だけの状態**（スケルトン）で販売され、内装は購入者が自分で行う

③照明、カーテンのほか**家電製品までセット**されている

A.60

答え ②

日本では通常、新築マンションは躯体のほか内装や設備、さらにはいろいろなオプションもすべて設置された状態になってから引渡しが行われます。家具や生活道具を運び込めばすぐ生活できることも珍しくありません。

これに対して中国では、新築マンションは内装がない状態（スケルトン）での引渡しが一般的だといわれます。床や壁はコンクリートのまま、配管がむき出しだったりします。購入者は引渡しを受けた後、間取りや内装、設備の工事を専門業者に頼んで行うのです。時間と手間はかかりますが、そのほうが自分の希望どおりのマイホームができ、合理的だと考えられているのでしょう。

6時間目

歴史

Q.61

日本では縄文時代に広く用いられていた竪穴式住居の住み心地について、あてはまらないものは次のうちどれでしょうか？

①蓋（おお）いや地熱の効果もあり、**寒暖の差はそれほどでもなかった**

②わら葺き屋根はあってないようなもので、**特に冬は寒く住みにくかった**

③高台を選び、周囲に溝を掘ったりしていたが、**雨や湿気には弱かった**

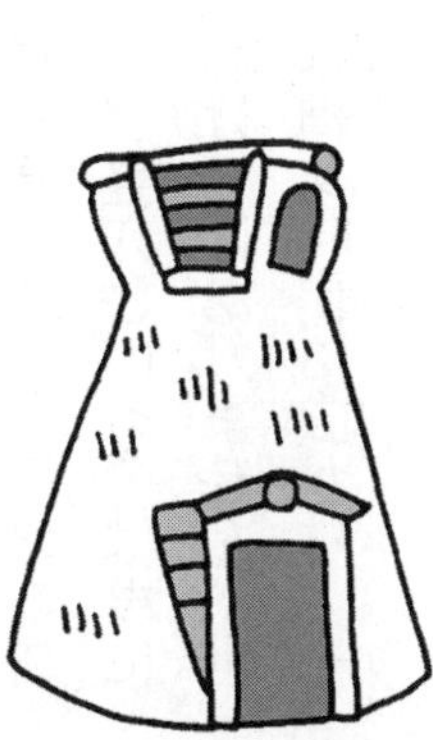

A.61

答え ②

竪穴式住居とは、地面を円形や方形に掘り込み、その中に柱を建てて梁や垂木をつなぎあわせ、その上から葦などで屋根を葺いた建物のことです。竪穴というのは単に横穴との対比で使われるもので、必ずしも「穴の中に住む」わけではありません。世界各地で新石器時代には広く見られた住居形態です。日本では縄文時代に広がり、その後も平安時代ぐらいまで見られたようです。

竪穴式住居は地面に直接、接して暮らすため、住みにくいのではないかと思われがちですが、意外にそうでもありません。蓋いをすれば地熱で外気より温度変化は少ないですし、籾殻（もみがら）などを敷くことで天然素材の断熱効果があったと考えられます。また、内部に炉を設けて調理や暖をとることもできます。

ただし、雨や湿気にはどうしても弱く、日本では弥生時代の当初、米を貯蔵する倉庫として使われていた高床式住居が、次第に居住用にも使われるようになっていきました。

Q.62

世界最古の木造建築物といわれる建物が日本にあります。
それは次のうちどれでしょうか?

①法隆寺
②桂離宮
③出雲大社

A.62

答え ①

法隆寺は奈良県生駒郡斑鳩町にある聖徳宗の総本山で、聖徳太子とゆかりが深く、別名を斑鳩寺（いかるがでら）といいます。現存する金堂、五重塔、中門、回廊は聖徳太子の頃のものではなく7世紀後半頃の再建とされますが、世界最古の木造建造物群として実に1300年以上の歴史があります。法隆寺の建築物群は法起寺と共に、1993年（平成5年）に「法隆寺地域の仏教建造物」としてユネスコの世界遺産（文化遺産）に登録されました。

なお、出雲大社は島根県出雲市にある神社で祭神は大国主大神（おおくにぬしのおおかみ）。古来から「国中第一之霊神」として称えられ、本殿は「天下無双之大廈（てんかむそうのたいか）」と評されてきました。現在の本殿は江戸時代につくられたもので高さは約24m。神社としては破格の大きさですが、かつてはもっと高く、48mとも96mであったとも伝えられています。

また、桂離宮（かつらりきゅう）は京都市西京区桂にある約7ヘクタールの離宮です。江戸時代初期につくられ、回遊式の庭園は日本庭園の傑作とされます。また、昭和初期にドイツ人建築家のブルーノ・タウトが、数奇屋風の書院を高く評価したことでも知られます。

Q.63

平安時代に貴族たちが住んでいた寝殿造（しんでんづくり）と呼ばれる住居の特徴として、あてはまらないものは次のうちどれでしょうか？

①池のある中庭を囲むように**コの字型に建物が配置**されていた

②建物の**内部には間仕切りがほとんどなく**、屏風、御簾（みす）、几帳（きちょう）などで区切っていた

③来客用に**床の間や違い棚のある座敷**が設けられていた

④**天井がなく、床は板敷き、柱の間には板戸**を吊っていた

A.63

答え ③

寝殿造（しんでんづくり）は、平安時代の貴族たちが暮らした住宅様式です。「寝殿」と呼ばれる母屋が南の庭に面して建てられ、その東西に「対屋（たいのや）」と呼ばれる建物が付き、コの字型に池のある庭を囲みました。寝殿の北側にも夫人が暮らす対屋が設けられ、これが「北の方」「北の政所（まんどころ）」といった言葉の語源になったそうです。

寝殿造の建物内部は天井がなく、床は板敷き、壁や窓といった仕切りもなく、丸柱の間に蔀戸（しとみど）と呼ばれる板戸を吊っていました。そのため、蔀戸を上げれば、ほとんど開けっ放しで吹きさらしの空間です。

室内を仕切るときは、几帳や屏風、御簾などを使い、こうした調度で室内を区切ったり飾ることを「室礼（しつらい）」といいました。

なお、室町時代に完成した建築様式である「書院造」になると天井が張られ、室内は壁や障子で仕切られ、床の間や違い棚のある座敷（書院）が設けられるようになっていきます。

Q.64

伊勢神宮では20年に１度、社殿などをすべて新しく同じ形につくりなおす「遷宮（せんぐう）」が行われます。その理由はいろいろ考えられますが、あてはまらないものは次のうちどれでしょうか？

①建物の**老朽化を防ぐ**ため

②神を祀るところは**常に新しく清浄**でなければならないという**神道の考え方**から

③もともと20年に１度**天皇の即位式**が行われていたから

A.64

答え ③

欧米や中国の建築の基本的な発想は、エジプトのピラミッド、ギリシャのパルテノン神殿、中国の万里の長城など、長持ちする材料で頑丈につくり、建造物自体を末永く後世に残そうというものです。

これに対して日本の伊勢神宮は、古い時代の建築を様式として残そうとする独自の発想をしています。すなわち、神宮式年遷宮（じんぐうしきねんせんぐう）といって、神宮の本殿などを20年ごとに全く同じ形で建て直すのです。この遷宮は690年の持統天皇のときに始まり、戦国時代などで一時、中断や延期がされたものの、1993年（平成5年）の第61回までずっと20年ごとに続けられてきています。もともと、白木を地面に直接埋める掘立柱を使っていますし、屋根はわら葺きなのでそれほど長持ちはしません。しかし、伊勢神宮が建てられた当時、すでに国内では法隆寺が建築されているので、技術的に耐久性の高い建物をつくることは可能だったはずです。それでも建て替え方式を選んだ理由については明確な記述などは見つかっていませんが、汚れを嫌い常に新たに清浄であることを尊ぶ神道の「常若（とこわか）」の考え方によるとか、建て直すことで建築技術や伝統工芸などの伝承が行われるから、などといわれています。

現在は2005年から第62回の行事が進行中で、2013年（平成25年）には正遷宮である御神体の渡御（とぎょ）が予定されています。

Q.65

古今東西、隣の家同士から国レベルまで土地を巡る争いはつきることがありません。争いを解決する方法のひとつは誰かが裁定することです。日本の中世では、領地を巡る争いは誰が裁いていたでしょうか？

①**朝廷**（天皇や公家）
②**幕府**（将軍やその家臣団）
③**寺院**（僧侶）

A.65

答え ②

動物に「縄張り争い」があるように、人間には昔から「土地の争い」がつきものです。どうやってこれを解決するか。戦争はその究極的な手段といえますが、通常はその時代や社会における権力者に判断を仰ぐことが行われます。

たとえば、鎌倉時代の有名な女流歌人である阿仏尼が残した『十六夜日記』には、亡くなった夫の領地を巡る紛争を解決するため、当時すでに60歳近い高齢の彼女が単身、京都から鎌倉へ旅した様子が書かれています。それによると、彼女の亡き夫である藤原為家は当初、所領である播磨国細川荘を長男の為氏に譲るとしていましたが、後に遺言で阿仏尼の実の子である為相に譲るとしました。ところが、為家が亡くなっても為氏が遺言を守らず、所領を譲りません。そのことを朝廷に訴えたものの埒が明かないので、彼女は鎌倉幕府による判決を得るために鎌倉へ乗り込んだのです。

結局、鎌倉に4年も滞在しながら、この紛争が解決する前に彼女は亡くなってしまいますが、土地を巡る争いについての貴重な資料を残してくれました。

Q.66

京都などで「鰻の寝床」と呼ばれる町家（まちや）ができた理由として、正しいものは次のうちどれでしょうか？

①**節税のため**（昔は道路に面した間口で税金が決まったので）

②**火災予防のため**（道路に面する間口が広いと延焼しやすい）

③**居住人口を増やすため**（間口が狭ければ、それだけ通りに面して建物がたくさん建てられ、住める人の数も多くなる）

A.66

答え ③

「鰻の寝床」は、通りに面した間口を狭く、奥行きを長くした京都などの町家のつくり方のことです。京都では平安時代の中頃から庶民住宅が立ち並び始め、何度も戦火などで焼けては建て替えられながら、江戸時代の中頃に現在のような町家になりました。紅殻格子（べんがらこうし）、虫籠窓（むしこまど）、犬矢来（いぬやらい）などがその特徴です。2階建てが多いものの、中には平屋や3階建てもあります。

なぜ、間口が狭く、奥行きの長い形になったのかについて、昔は道路に面した間口の長さに応じて税金がかかったからといわれますが、実際は違うようです。むしろ、人口の集中する町中で、通りに面して多くの建物をつくるためには、必然的に間口が狭く、奥行きが深くなったためと考えられます。

京都市の調査によると、1998年（平成10年）の時点で町家は市中心部だけで約2万8000軒残っていましたが、その後、毎年1000軒程度のペースでなくなっているそうです。その一方、貴重な文化を残すため、町家の活用や保存に取り組む動きも少なくありません。

Q.67

江戸時代から、畳の敷き方には一定のルールがあります。正しいものは次のうちどれでしょうか？

①「**祝儀**敷き」と「**不祝儀**敷き」

②「**夏**敷き」と「**冬**敷き」

③「**和**敷き」と「**洋**敷き」

ヒント

畳は日本独自の建材のひとつです。古くは敷物の総称で、材料も毛皮、皮、絹などいろいろなものが使われましたが、平安時代の頃から、わらを糸で差し固めた床（とこ）の表面に、藺（い）草を編んでつくった畳表（たたみおもて）を縫いつけ、長辺には縁を付けたものが一般的になりました。

A.67

答え ①

畳の敷き方には江戸時代から「祝儀敷き」と「不祝儀敷き」という区別があります。

「祝儀敷き」は、婚礼などおめでたい際の敷き方ですが、現在では平時でも一般的に使われています。具体的には、床の間の前の畳を長辺が床の間と並行になるように敷き、それ以外は遣（や）り違いに合わせ目がT字になるように敷きます。床の間がない場合は、出入り口に敷く畳を基準にします。

一方、「不祝儀敷き」は、葬儀などの際の敷き方で、畳の角がそれぞれ合わさって十字のようになります。縁起の悪いときに、祝儀敷きと対比した作法の一種として敷き換えを行ったものです。

和室の大広間や寺院などでは最初からこの敷き方をしますが、「不祝儀敷き」のように敷き換えを前提にしたものとはまた別です。

Q.68

江戸時代の庶民住宅であった裏長屋には大家がいて、「大家といえば親も同然」といわれました。この「大家」は次のどれにあたるでしょうか？

①オーナー、所有者
②管理人、管理会社
③仲介会社

ヒント

江戸時代、江戸の庶民住宅の多くは貸家でした。町中では「長屋」が建ち並び、「長屋」はさらに通りに面した「表長屋」と、通りから奥へ入った「裏長屋」に分かれていました。「表長屋」を借りたのは中層以上の商家で、店舗兼住居として利用していました。「裏長屋」はそれ以外の町人や職人の住居で、落語などに登場するのも裏長屋の住人たちです。また、江戸では大名屋敷の敷地内にも長屋が造られ、家臣らが住んでいました。

A.68

答え ②

裏長屋はほとんど平屋建てで、玄関を入るとすぐ台所があり、部屋はせいぜい2部屋程度です。「九尺二間の棟割長屋」といわれるように、間口は9尺（約2・7m）、奥行きが2間（約3・6m）、約1畳半を土間として、4畳半を部屋として区画されているのが一般的でした。狭いので家賃も安く、1カ月分の家賃は1日の手間賃で稼げるほどだったといいます。

長屋の路地には共同トイレがあり、風呂はなく銭湯で入浴します。水は共同の井戸がありましたが、これは神田上水や玉川上水から供給された水道の取水口なので水が溜まるまで多少の時間がかかり、それを待つ間に近所の者で世間話をする「井戸端会議」という言葉が生まれたそうです。

江戸時代に「大家」といえば、こうした長屋の所有者（家主）ではなく、住民の家賃を集めたり、管理を任されている者のこと。家守（やもり）とも呼ばれました。当然、家主からの信頼が厚く、住民の相談相手になったり、何かと世話を焼いたりできる人物が選ばれるため、落語ではよく「大家といえば親も同然」などといわれます。

また、狭い長屋ではそれほど物を置くことができず、長屋にはさまざまな生活物品を貸し出す損料屋（レンタル業に相当）もあったそうです。

Q.69

転居先や住宅の間取りを考える際、「鬼門」など方角を重視するケースがあります。こうした方角の吉凶を重視する考え方に関して、適切な説明は次のうちどれでしょうか？

① **世界中で広く見られる**、普遍的な習慣である

② 中国で生まれ、**日本にそのままの形で**伝わった習慣である

③ 中国で生まれたが、日本に伝わって**独特の変化を遂げた**習慣である

A.69

答え ③

方角の吉凶を重視する考え方は、古代中国で生まれた「風水」や「家相」によるものです。「風水」では用水を考えた土地選び、そこに住む人の運勢を良くする部屋の使い方、家具の置き方などを考えます。「家相」では風水で選ばれた良い土地に家を建てるとき、どんな形にすれば幸運を呼べるかという観点から間取りを考えます。

こうした風水、家相は、いずれも「道教」に由来するとされます。道教は中国の地理的条件のもとに発達した一種の民間宗教で、風水や家相もそうした地理的条件をベースにしています。たとえば、東北が「鬼門」とされるのは、もともと北方の異民族が東北方面から侵入してくることが多かったため、その方向に門を設けると無防備であり、また便所や台所などを鬼門の方向に置くとモンスーンなど北東の風が吹き付けるため、家の中に臭気が立ち込めやすいということだったようです。

こうした中国生まれの風水や家相が日本に入ってきた後、そこに日本独自の陰陽道などが加わり、日本的な風習になりました。鬼門に注意するだけでなく、強く忌み嫌うのは日本独特の発想です。鬼門の方向への造作や移徙（わたまし：貴人の引っ越し）は忌むべきとされ、鬼門の方角に邪気を払うという桃の木を植えたり、鬼門とは反対の方角が申（さる）であることから猿の像を鬼門避けとして祀ったりしました。現在でも、鬼門にあたる方角を嫌うことがありますが、こうした歴史的な経緯を知っておくことも意味のあることでしょう。

7時間目

法律

Q.70

中古住宅の広告などで「既存不適格（きそんふてきかく）」という言葉を見ることがありますが、これはどういう意味でしょうか？

①建物がすでに**老朽化**しており、「存在することが不適格」、つまり**取り壊さないとまずい**という意味

②**建築当時は合法的**な建物だったものの、その後、**法令の改正などによって法令に合致しなくなり**、建て替える場合は現状どおりの規模、形状は無理という意味

③**建築当初から違法建築**であるという意味

A.70

答え ②

建築基準法は昭和25年（1950年）にでき、その後、何度も改正が行われてきました。そのため、建物を建てた当時は合法だったものが、現在は法律の規定に反する状態になっていることが起こり得ます。

たとえば、昭和43年（1968年）の建築基準法改正で容積率の規制が導入され、用途地域に応じて容積率の上限が設けられました。さらに、用途地域の指定も順次、見直しがされています。その結果、築年数の比較的古い建物の中には、現状では容積率オーバーのものが結構、みられます。

あるいは、昭和56年（1981年）に耐震基準が見直されたので（「新耐震基準」）、それ以前の建物は耐震性の点で建築基準法に合致しません。

こうした建物は「違法建築」とは異なり、「既存不適格（きそんふてきかく）」と呼ばれます。そのまま使っていてもただちに違法というわけではありませんが、増築や建て替えなどを行う際には、現状の法律に適合するようにしなければなりません。そのため、建物の規模を小さくしなければならないなどの不利益が生じることもあります。

Q.71

マンションの各住戸の面積表示は広告と登記簿で違いますが、その理由は次のうちどれでしょうか?

①本来は同じはずで、**何らかのミス**から生じる

②広告された後、**工事中に設計変更**などがあると生じる

③広告は建築基準法に基づく「**壁芯面積**」、登記簿は区分所有法などに基づく「**内法面積**」で計算することから生じる

A.71

答え ③

建物の床面積には、２つの計算方法があります。ひとつは「壁芯（かべしん）面積」といわれるもので、壁の中心線（建物を真上からみて壁の厚みの中心を通る線）を基準として計算するものです。もうひとつは、「内法（うちのり）面積」といって、壁の内側を基準として計算するものです。

なぜ、２つの計算方法があるかというと、その目的と根拠が違うからです。「壁芯面積」は建築工事で用いられるもので、設計図面はもちろん、建築確認なども壁芯面積を使います。部材の寸法などは、壁や柱の中心を基準として計算しないと複雑になってしまうからです。パンフレットや図面集、広告などにはこの「壁芯面積」が記載されます。

一方、「内法面積」は分譲マンションのような区分所有の建物で、登記の際に用いられます。区分所有の建物は、共用部分と専有部分に分けられ、各所有者が個別に所有権を登記できるのは専有部分に限られます。そして、専有部分とは壁や天井、床の内側部分のことです。したがって、内法面積は壁の内側を基準として計算し、登記簿に記載されるのです。

なお、税制上の軽減措置で床面積が条件になる場合、登記簿上の面積で判断します。マンションについては、パンフレット記載の専有面積（壁芯面積）が条件を満たしても、登記簿上の内法面積では足りないことがあるので、注意が必要です。

Q.72

新築後、一度でも人の住んだ住宅は「中古住宅」となりますが、新築後、人が住んだことのない住宅は、いつまで新築住宅として広告していいのでしょうか？

①人が住んでいない以上、**何年経っても**新築住宅として広告していい

②人が住まなくても、**竣工から2年**を過ぎたら中古住宅になる

③人が住まなくても、**竣工から１年**を過ぎたら中古住宅になる

A.72

答え ③

「新築住宅」「中古住宅」は何気なく使っている不動産用語ですが、よく考えるとその区別は意外に難しいものです。新築後、一度でも人の住んだ住宅が「中古住宅」になるのは分かります。しかし、新築後、人が住んだことのない住宅が、いつまで新築住宅として扱われるのかははっきりしません。物理的には、適切にメンテナンスすれば数年経っても新築時と変わらないこともあるでしょうし、数カ月でひどく劣化することもあるでしょう。

そこで、「不動産の表示に関する公正競争規約」では、未入居物件について竣工後1年以上経過したものを中古とするとしています。「住宅の品質確保の促進等に関する法律」（品確法）でも、「新築住宅」とは新たに建設された住宅で、まだ人の居住の用に供したことのないものをいい、建設工事の完了の日から起算して1年を経過したものは除かれるとしています。このことから、新築未入居でも1年を過ぎると「中古住宅」になるわけです。

なお、「アウトレットマンション」と呼ばれるものがありますが、これは一般に、売れ残った分譲マンションを再販業者がデベロッパーからまとめて買取り、価格改定などを行って再度、売り出した物件のことで、新築か中古かの違いとは別です。

Q.73

マンションのチラシなどで見かける「サービスルーム」とは何のことでしょうか？

①欧米流のライフスタイルを参考にした**家事をする部屋**

②販売促進のための**おまけの部屋**

③窓の大きさなどの関係で、**「居室」と認められない部屋**

A.73

答え ③

不動産広告で「2LDK＋S」「3LDK＋N」といった表示を見かけることがあります。「S」はサービスルーム、「N」は納戸のことです。

建築基準法では、人が常時、そこにいて生活する空間＝居室として使える部屋は、採光のため床面積に対して「7分の1以上」の大きさの開口部を設ける必要があるとしています。開口部とは窓などのことです。

この開口部を確保できなければ、その部屋は法律上、「居室」とは認められず、広告でも「洋室」や「和室」などの表示ができません。そこで、広告では「サービスルーム」「納戸」などと表示されるのです。

なお、マンションでリビングの奥にある和室（中和室）の場合、窓がなくても、障子など簡単に動かせる間仕切りで仕切られていれば、リビングの開口部＝中和室の開口部として認められます。

また、居室として認められないからといって「住んでいけない」わけではなく、実際には子供部屋などとして利用するケースがよくあります。

Q.74

次の不動産広告のうち、広告表現として認められると考えられるのはどれでしょうか？

①「損失決算放出による㊢**物件**、**破格値**大放出！」

②「**憧れの地**に**贅をこらした**邸宅、誕生」

③「**特選**情報。早い者勝ち、これを見逃したら絶対後悔します！」

④「陽当たり、環境、方位などすべての**ベスト条件**を備えた**希少**の宅地」

A.74

答え ②

不動産は高額な商品ですから消費者の判断を惑わすことのないよう、「宅地建物取引業法」と「不当景品類及び不当表示防止法」によって、誇大広告などの不当表示が禁止されています。

具体的には、左記のように抽象的であったり他の物件または他の不動産会社と比較するような用語については、表示内容を裏付ける合理的な根拠がある場合を除き、その使用が禁止されます。

1. 完全、完ぺき、絶対などの用語
2. 日本一、抜群、当社だけなどの用語
3. 特選、厳選などの用語
4. 最高、最高級など最上級を意味する用語
5. 格安、掘出、土地値などの用語
6. 完売など著しく人気が高く、売行きがよいことを意味する用語

このほか、未完成の宅地や建物は、開発許可や建築確認を受けるまでは広告その他の表示をしてはならないことになっていますし、中古住宅については二重価格（旧価格と新価格）の表示はできません。

不動産各社ではこうした規制に反しない範囲で、何となくステータスや質の良さを連想させる表現を工夫しており、たとえば「憧れ」とか「贅」といった言葉を見かけます。

Q.75

マイホームの売買契約の際、代金の１～２割程度の手付金を支払うのが一般的です。この手付金は何のために支払うのでしょうか？

① 代金の一部の**前払い**のため
② **解約権を保留**するため
③ 契約の**成立を祝う**ため
④ 買主の**本気度を示す**ため

A.75

答え ②

不動産の売買契約では通常、契約時に「手付金」という名目で、一定の金額を買主から売主に支払うことが行われます。

「手付金」の性格、目的についてはいくつか説があります。第一は、契約が成立したことを証明する「証約手付」とするもの。第二は、当事者が債務不履行をした場合に、手付を交付した者は相手方にそれを没収され、受け取った者はその倍額を返さなければならなくなる「違約手付」とするもの。そして第三は、手付を交付した者は相手方にそれを放棄し（手付流し）、受け取った者はその倍額を支払って（手付倍返し）、契約を解除できる「解約手付」とするもの。いずれにしろ、手付金は内金や中間金など代金の一部とは異なります。

民法上、当事者が手付について特に決めていない場合は解約手付と解釈されます。また、宅地建物取引業法により、不動産業者が売主の場合は必ず解約手付となります。契約書でも通常、手付金については解約手付として記載するのが一般的です。

ただし、手付による解除は無制限ではありません。民法では、「相手方が契約の履行に着手するまで」となっていて、相手方が「契約の履行に着手した後」は、違約金や損害賠償の問題が発生します。たとえば、買主が内金や中間金を払った場合、買主が所有権移転の仮登記を申請した場合などが履行の着手にあたるといわれます。なお、自分が契約の履行に着手していても、相手方がまだなら手付解約は可能です。

Q.76

「青田売り」の新築マンションについて売買契約を締結したところ、完成前に売主の不動産会社が倒産してしまいました。契約時に支払った手付金（物件価格の10％）はどうなるでしょうか？

①一般債権者として裁判所に申し出ることで、その**一部が戻る可能性**がある

②**あきらめる**しかない

③手付金保全措置がとられているので、**全額戻る**

ヒント

「青田売り」とは、宅地の造成工事や建物の建築工事が終わる前に、宅地や建物を販売することです。すぐ引渡しが行えないので、いろいろトラブルが起こりやすいといわれます。そこで宅地建物取引業法では、宅地造成については開発許可、建物の新築については建築確認など工事に必要な法的許可を得てからでないと、広告や売買契約を結んではならないとしています。

A.76

答え ③

「青田売り」では、工事中や工事が完成した後でも、物件の引渡し前に売主の不動産会社が倒産したりする危険があります。実際、過去にはそのため購入者が損失を被ったケースもありました。そこで現在、宅地建物取引業法では左記の場合に「手付金等の保全措置」をとることを売主の不動産会社に義務付けています。

1. 未完成物件で手付金の額が売買代金の5％超または1千万円超の場合
2. 完成物件で手付金の額が売買代金の10％超または1千万円超の場合

これらの場合には、売主の不動産会社はあらかじめ金融機関と保証契約を結ぶなどして、手付金の受領と引換えに手付金を保全している旨を証明する「保証書」を交付することになっているのです。これにより万が一、物件の引渡し前に売主の不動産会社が倒産しても手付金等は全額戻ります。

たとえば、「青田売り」される3千万円の新築マンションを買う場合、手付金を150万円を超えて支払うときは保全措置がとられることになります。

Q.77

分譲マンションを購入しても、管理組合には入りたくなければ入らなくてもいいでしょうか？

①**希望者のみ**入ればいい

②最初は全員が入ることになっているが、どうしても**嫌なら脱退できる**

③分譲マンションを購入すると**区分所有者は当然**、管理組合の組合員になるのであって、入りたくないかどうかは関係ない

A.77

答え ③

分譲マンションと一戸建てでは、建物や敷地の権利関係が大きく異なり、分譲マンションの権利関係については「建物の区分所有等に関する法律」という法律で細かく規定されています。分譲マンションは1棟の建物に構造上、区分された部分があり、それぞれ住戸や店舗、事務所などに使えます。この各部分を「専有部分」、専有部分についての所有権を「区分所有権」、区分所有権を持つ人を「区分所有者」といいます。

そして、区分所有者は全員で、建物と敷地などの管理を行うための団体を構成します。この団体が「管理組合」です。管理組合は集会を開き、規約を定め、マンションの建物や敷地の管理、運営などについていろいろなことを決めます。

区分所有者になると自動的に管理組合の構成員となり、住戸を売却するなどして区分所有者でなくならない限り、組合を脱退することはできません。

なお、マンションの管理組合と、時々混同されるのが自治会です。自治会は地域の親睦を目的とした任意団体なので、加入するかどうかは自由です。

Q.78

自宅を建て替えようとしたら、隣の家からクレームが出ました。建築基準法による建築確認はすでに下りているとして、正しいのは次のうちどれでしょうか？

①個人的な配慮はいるかもしれないが、法律上は**なんら問題ない**

②建築基準法上は問題ないが、目隠しの設置や日照権などに関連して**法的な問題が生じることがある**

③周辺住民からクレームがあると、**建築確認が取り消される**

A.78

答え ②

法律には大きく分けて、公法（こうほう）と私法（しほう）があります。厳密な区分については議論がありますが、簡単にいえば公法というのは公益にかかわる事柄について、国や自治体と国民との関係を規定する法律をいいます。また、私法とは私人間の権利関係などを調整するための法律をいいます。

建築基準法は公法にあたり、公共の福祉のため国や自治体が、建物を建てようとする人に対して一定の制約を課すものです。したがって、建築確認が下りたといっても、それはあくまで国や自治体がＯＫしたということであって、近隣の人（個人）との関係まで問題なしということではありません。逆に、近隣からのクレームがあったということだけで、建築確認が取り消されるわけではありません。

一方、最も代表的な私法である民法には、目隠しの設置や境界線からの壁面の後退といった規定があり、そうした規定に基づいて隣家からクレームが出ることはあり得ます。また、民法上の不法行為（７０９条）に基づき、日照権（にっしょうけん）侵害として訴えられるケースがあります。日照権とは社会生活上、一定の日照を確保する権利のことで、たとえ建築確認が下りている建物であっても、受忍限度を超えてこの権利を侵害していると認定された場合には、建物の形状変更や損害賠償などが命じられることがあります。

Q.79

土地を買って自宅を建てるため工事を始めたら、昔の遺跡らしきものが出てきました。どうしたらいいでしょうか？

①自分の土地だから、遺構を取り壊したり、出てきたものを売却したり**好きにしていい**

②役所に届け出て**調査・発掘が終了するまで工事は待たなければならない**が、調査費用は基本的に役所が負担する

③役所に届け出て、**代替地を斡旋**してもらうことができる

A.79

答え ②

文化財保護法では、土地から貝塚、住居跡、古墳その他遺跡らしいものが発見されたら速やかに役所に届け出るよう義務付けています。そして、各自治体の教育委員会などが調査を行う間、工事をストップしなければなりません。この調査費用については、通常は自治体の側が負担します。

土地の所有者や建築主にとってみれば、遺跡などが発見されると工事の完成がいつになるのか見通しが立てにくくなります。周囲を調べて、昔の遺跡がよく出るところかどうかは、事前に確認したほうがいいでしょう。

なお、非常に価値の高い遺跡の場合は、国が土地の代金やそれまでの工事費などを補償して買い取ることもあります。

Q.80

自宅の新築をある住宅会社に依頼したところ、ひどい手抜き工事であちこち大変な手直しが必要です。こうした場合、契約解除はできるでしょうか？

①手直しに多額の費用がかかることを**証明すれば**、契約解除できる

②住宅会社に責任があるのだから、**当然**、契約解除できる

③手直しを要求することなどはできるが、契約解除は**できない**

ヒント

自宅の新築工事を住宅会社に依頼する際に締結するのが請負契約です。「請負」は民法上、当事者の一方（請負人）が相手方に対し仕事の完成を約束し、相手方（注文者）は仕事の完成に対する報酬を支払うことを約束することにより成立する契約関係です。

A.80

答え ③

「請負契約」は仕事の完成を内容とする契約であり、請負人は仕事の完成義務を負います。また、目的物に瑕疵（かし：隠れた欠陥）があり、契約の目的を達成することができないとき、注文者は契約を解除することができます（民法635条本文）。

ところが、建物やその他土地の工作物については例外規定があり、契約解除はできないとされているのです（民法635条ただし書）。これは、契約解除によって建物を取り壊したりすることになると、社会経済的な不利益が大きいからだといった説明がされています。

欠陥住宅であっても契約解除できず、支払った代金の払い戻しが請求できないというのは、注文者にとっては厳しいものです。これは「売買契約」と比較すると、よく分かります。売買契約の場合は、売買の目的物に瑕疵があった場合、契約解除ができるのです（民法570条・566条）。

建物の注文者としては、請負人に対して、相当の期間を定めて補修の請求をするか、瑕疵の補修に代えて、あるいは補修と併せて損害賠償の請求を行うしかありません。請負契約での欠陥住宅の問題は、長期化しやすいといわれる原因のひとつがここにあるといえるでしょう。

Q.81

建築基準法上、道路に接した土地でなければ原則として建物を建てることができません。これを「接道義務」といいますが、具体的に必要とされる条件として正しいものは次のうちどれでしょうか？

①幅2m以上の道路に、**最低1m**接していなければならない
②幅4m以上の道路に、**最低2m**接していなければならない
③幅6m以上の道路に、**最低3m**接していなければならない

A.81

答え ②

都市部のように建物が密集した地域では、建物を建てる際、周囲の安全、防火、衛生などを確保することがとても重要です。接道義務もそうした目的のために設けられた規定のひとつです。

建築基準法43条では、「建築物の敷地は、道路に2m以上接しなければならない」としています。そして、「道路」については同法42条で定義されており、基本的に幅4m以上のものでないと「道路」として認められません。

ただし、例外がいろいろあります。ひとつは、建築基準法で接道義務が規定される以前から建築物が立ち並んでいる道路で自治体が指定したものは、幅が4mなくても中心線から2m後退したところを道路の境界線とみなし、接道義務を満たすことができます。建築基準法42条2項でこのことが規定されていることから、こうした道路を「2項道路」といい、中心線からの後退を「セットバック」と呼びます。

また、いわゆる旗ざお敷地について、路地状部分の長さに応じて接道幅を広くするよう条例で定める自治体もあります。

さらに、周囲の状況や建築計画の内容から「交通上、安全上、防火上及び衛生上支障がない」と認められる場合、自治体の建築審査会で許可を受ければ、接道義務を満たしていない敷地での建築が可能となることもあります。

Q.82

日本では一般に、エリアごとに建てられる建物の用途や大きさに制限が設けられています。建物の大きさの代表的な制限が、「建ぺい率」と「容積率」ですが、容積率100％という条件のあるエリアで、100㎡の敷地に建てることのできないものは次のうちどれでしょうか？

① **1階が50㎡、2階が45㎡**ある一戸建て

② 1階が50㎡、2階が45㎡あり、**さらに屋上に30㎡のベランダ**のある家

③ 1階が50㎡、2階が45㎡あり、**さらに2階に30㎡のロフト**（小屋裏収納）のある家

A.82

答え ③

「建ぺい率」は、建物の建築面積の敷地面積に対する割合です。建築面積とは通常、1階の床面積のことで、ベランダなどがあるとその部分も考慮されることがあります。

「容積率」とは、建物全体の延床面積の敷地面積に対する割合です。延床面積とは通常、各階の床面積の合計です。

実際には、どこまでが建築面積とみなされるのか、どこまでが延床面積とみなされるのかは、法律の規定によります。たとえば、外廊下（外気に有効に開放されている部分の高さが1ｍ以上であり、かつ、天井の高さの2分の1以上である廊下）については、幅2ｍまでの部分を床面積に算入しなくてもよいとされています。

また、2000年（平成12年）の建築基準法の改正で、小屋裏収納を設ける場合、小屋裏収納を設ける階の床面積の8分の1が上限であったものが、2分の1まで引き上げられました。答えの選択肢のうち③は、ロフトの面積が2階の床面積の2分の1である22.5㎡を超えているので建てられないことになります。

屋上については、ベランダとして使用するかどうかに関係なく、通常は延床面積には入りません。ただ、ベランダとして使用するには別途、階段をつけなければならなかったり、屋上の仕上げに配慮したりする必要があります。

Q.83

都市計画法に基づいて指定された「用途地域」に応じて、建築できる建物の用途や規模に制限が設けられています。低層住宅の良好な住環境を保護するため最も制限が厳しい「第一種低層住居専用地域」において、住宅以外で建てられるものは次のうちのどれでしょうか？

①病院
②事務所
③専門学校
④老人ホーム
⑤平屋建てで床面積１００㎡の飲食店

A.83

答え ④

都市には多くの人が集まり、さまざまな施設や建物がつくられますが、無秩序に行われると環境の悪化などの弊害をもたらしかねません。そこで都市計画法という法律により計画的な都市づくりを進めることになっています。

具体的にはまず、「都市計画区域」といって、都市計画を行う地域が設定されます。あまり人が住んでいないところでは都市計画の必要はなく、一定の人口密度がある市街地やこれから開発を行うニュータウンなどが対象となります。

都市計画区域が設定されると、そのエリア内をさらに、積極的に開発を行う市街化区域と基本的に開発を抑制する市街化調整区域に区分します。これが「区域区分」です。

また、市街化区域では、土地利用を計画的に進めるため「地域地区」と呼ばれるより細かなエリア分けや指定が行われます。そして、建築物の用途、形態、構造について建築基準法などによる制限が行われるのです。

「用途地域」はこの「地域地区」の一種で、現在12種類あります。「第一種低層住居専用地域」は中でも低層住宅のため良好な住環境を保護するエリアとされ、建築できるのは住宅、共同住宅、寄宿舎などのほかは、老人ホーム、図書館、小中学校、保育所、診療所、教会、寺院などに限られます。病院、事務所、専門学校、飲食店などは建てられませんし、建ぺい率、容積率、高さなどについても厳しい制限があります。

Q.84

建築基準法上、地下室が床面積に算入されない限度は次のうちどれでしょうか？

①　**1階**の床面積の**2分の1**まで
②　**延べ床**面積の**3分の1**まで
③　**敷地**面積の**4分の1**まで

A.84

答え ②

建築基準法では、天井の高さの3分の1以上が地盤面の下になっている階を「地階」、つまり地下室と判断します。

以前、建築基準法では地下室を「居室」として使うことは禁止されており、地下室を納戸などに使うとしても容積率の問題がありました。しかし、1994年（平成6年）から延床面積の3分の1までは容積率の計算上、算入しないようになり急速に普及し始めました。さらに2000年（平成12年）からは、ドライエリア（空堀り）、湿度調整・換気設備、防水措置など一定の条件を満たせば、地下室をリビングや居間などの「居室」とすることも認められました。

たとえば敷地面積が100㎡で容積率が100％の場合、単純計算で最大100㎡までの広さ（延床面積）の家しか建てることができませんが、地下室を設けた場合は、最大150㎡の家を建てることができるのです。地下室は、容積率の規制が厳しい土地や狭小地などでは有効なアイデアといえるでしょう。

ただし、地下室を設けるときに気をつけたいのは地下水の影響。地下水位が高いときなど、壁や床から水が染み出してくることがあります。事前に地下水位をはじめ、地下水脈、地盤などをきちんと調査することが大事です。

Q.85

マンションのバルコニーは、建築基準法では建物の床面積に入るでしょうか？

①**いっさい**床面積には**入らない**

②**外壁から2mまでの部分**は床面積に**入らない**が、それより先は床面積にカウントされる

③**外壁側の柱より外**に突き出しているバルコニーは床面積に**入らない**が、柱より内側にあるバルコニーは床面積に入る

A.85

答え ②

バルコニーについても、地下室と同じように容積率の関係で、延床面積に含まれるかどうかが非常に重要です。

この点、建築基準法施行令では、

1．手すりの高さが床から1．1m以上である

2．手すりの高さより、手すり上端から天井までの高さのほうが高い

3．バルコニーが十分外気に開放されている

という条件を満たす場合、幅2mまでの部分は床面積に算入しないとしています。これはいわゆる外廊下についても当てはまります（Q．82参照）。

なお、バルコニーの上に屋根となる部分（たとえば上階のバルコニー）があって、その屋根となる部分よりバルコニーの出幅が大きい場合は（屋根がなく青天井の部分がある状態）、屋根となる部分の先端から2mとなります。

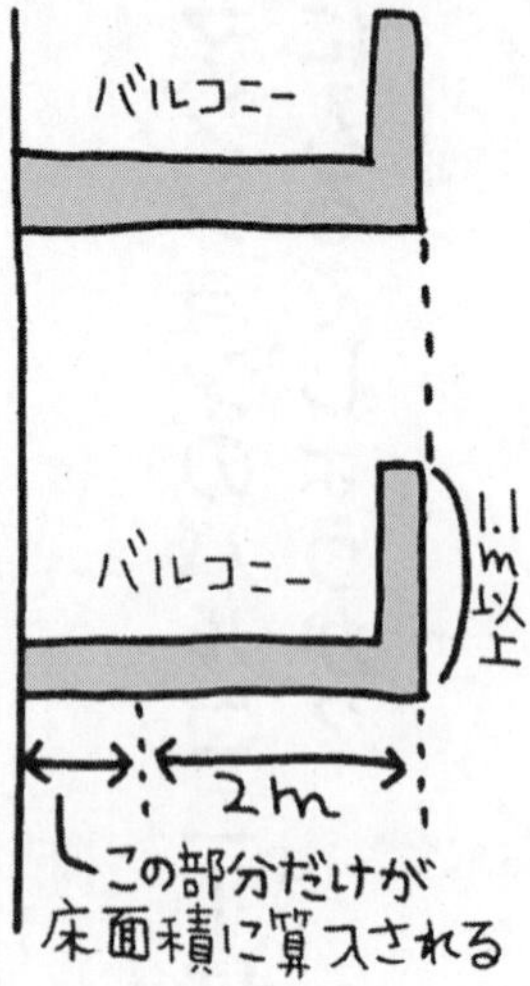

Q.86

現在の耐震基準（「新耐震基準」）は、震度5弱程度までの中小地震については、建物の構造部材（柱や梁、床など）にまったく被害が生じないことを目標としています。では、震度6弱から6強の大地震における被害についてはどう考えているのか、正しいものは次のうちどれでしょうか？

①中小地震と同じく、建物の**構造部材にまったく被害が生じない**

②多少、ヒビなどが入っても、**少し補修すれば使用できる**

③少なくとも建物が倒壊して**人命が損なわれることだけは避けられる**

A.86

答え ③

耐震の基本的な考え方は、その名（「耐震」）のとおり、建物の構造をがっちり造って地震のエネルギー（主に横揺れ）に耐えようというものです。

しかし、耐震性だけを高めようとすると、柱や梁はできるだけ太く、窓などの開口部はできるだけ小さくすることになり、住み心地や外観のデザインなどが犠牲になってしまうほか、費用も高くなっていきます。

「新耐震基準」はそこで、震度5弱程度までの中小地震と、震度6弱から6強の大地震で目指すべき耐震性の目安を分け、前者（中小地震）については建物の構造部材（柱や梁、床など）にまったく被害が生じず、そのまま使い続けられることを前提にしています。

一方、後者（大地震）については、少なくとも建物の倒壊で人命が損なわれることだけは避けることを目安としています。これは逆にいうと、建物の構造が一定の被害を受け、修復が難しいこともあり得るということです。

「新耐震基準」なら、どんな大地震にも耐えられるということでは決してありません。

Q.87

建築基準法上、建築物の耐震性について現在の基準（「新耐震基準」）が適用されるようになったのは1981年6月1日ですが、その適用対象は次のうちどれでしょうか？

①同日以降に**建築確認申請**された建築物から
②同日以降に**着工**した建築物から
③同日以降に**完成**した建築物から

A.87

答え ①

日本は世界有数の地震国であり、建築物の耐震性については大正時代から法律によってその基準（耐震基準）を定めてきました。その内容は、地震被害の調査、研究などに応じて順次、見直しがされてきており、現在の基準は1981年（昭和56年）に見直されたもので「新耐震基準」と呼ばれます。「新耐震基準」以降に建てられた建物は、阪神大震災においても被害が少なかったことが確認されており、ほぼその妥当性が証明されています。

「新耐震基準」は厳密には、1981年6月1日から施行されており、この日以降に建築確認申請された建築物から適用されます。そのため、マンションなどでは翌年になって竣工したものの中にも、新耐震基準ではないものが含まれている可能性があります。したがって、中古マンションを購入する際は、着工時や竣工時ではなく、建築確認申請書の申請日を確認する必要があるでしょう。

Q.88

隣の家の庭木が大きく伸び、枝が境界線を越えてこちら側にはみ出しています。秋になると落ち葉が雨どいに詰まるおそれもあるのですが、これを切るにはどうしたらいいでしょうか？

①自分の敷地に入ってきている部分は**勝手に切ってもいい**

②隣の**所有者に頼んで**切ってもらうしかない

③まず隣の所有者に頼むことが必要だが、**適当な期間（1カ月程度）が経っても**切ってくれない場合は、勝手に切っていい

A.88

答え ②

所有権は近代資本主義社会におけるもっとも重要な権利であり、民法では「所有者は、法令の制限内において、自由にその所有物の使用、収益及び処分をする権利を有する。」（２０６条）としています。

しかし、所有権も無制限に認められるわけではなく、さまざまな制約があります。そのひとつが、相隣関係（お隣との関係）です。民法２３３条では、

1．隣地の竹木の枝が境界線を越えるときは、その竹木の所有者に、その枝を切除させることができる

2．隣地の竹木の根が境界線を越えるときは、その根を切り取ることができるとしています。

設問のように木の枝が境界線を越えてはみ出している場合、隣地の所有者に伐採を依頼するのが正しいやり方です。また、依頼しても切ってもらえない場合、枝の切除を求める裁判を起こす必要があります。そのとき、落ち葉で実際に被害が発生していればその損害賠償も併せて請求できると考えられますが、逆にほんの少しだけ越境しているだけで具体的な被害もないようなら、認められない可能性もあります。

なお、条文にあるように、竹の子のように根が越境してきた場合は、越境したものについて隣地所有者の承諾なしに切り取ることができます。

Q.89

住宅などの相続で親族が争うケースがありますが、それを防ぐための手段のひとつが遺言です。次のうち、遺言として無効なのはどれでしょうか？

①**内容、日付をワープロソフト**で作成し、**自筆署名と拇印**をした遺言

②故人が**自筆して封**をしていたが、その**死後、相続人の一人が勝手に開けた**遺言

③公証人役場で証人2名立会いのもと遺言が作成されたが、その**翌日に作成された内容の異なる自筆**の遺言

ヒント

民法上、遺言の方式には普通方式遺言と特別方式遺言があり、通常は普通方式遺言を用います。普通方式遺言にはさらに「自筆証書遺言」「公正証書遺言」「秘密証書遺言」の3種類があります。遺言が法的な効果を持つには、民法で定められた方式を守っていなければなりません。

A.89

答え ①

遺言とは、故人の関係していたさまざまな法律関係について、死後の取扱いを定めるための意思表示のことです。すべてが遺言どおりになるわけではありませんが、遺産の相続などを決める場合に重要な目安となり、親族の争いを防ぐ効果があります。

通常、「自筆証書遺言」「公正証書遺言」「秘密証書遺言」の3種類が用いられ、法的効果を持つにはそれぞれ民法上定められた方式を守っていなければなりません。また、遺言が複数ある場合、最後に作成されたものが有効とされます。

「自筆証書遺言」…一番簡単な方式で、遺言の内容と日付、署名を遺言者が自分で書き、押印したものです。全部自筆が条件で、代筆やワープロ打ちは認められません。遺言者が亡くなったことを知ったらすぐ、家庭裁判所に提出して検認を受けなければなりません。ただ、家庭裁判所の検認を受けなかったり、勝手に封を開けたりしても、そのことですぐ無効となるわけではありません。

「公正証書遺言」…証人2名立会いのもと遺言の内容を公証人に述べ、公証人が遺言書を作成する方式です。費用や手間はかかりますが、きちんとした内容の遺言を作成でき、原本は公証役場に保管されるので紛失や偽造のおそれもありません。

「秘密証書遺言」…内容は代筆やワープロ打ちでも可能で、遺言書を作成したら公証人役場へ行って、遺言者の氏名、住所を述べ、公証人が証書の提出日および遺言者の申し述べた内容を紙に記載し、遺言者および証人と共に署名捺印します。

8時間目

文化・芸能

Q.90

2008年に放映されたフジテレビの人気ドラマ『ラスト・フレンズ』（長澤まさみ主演）では他人同士が共同で暮らす借家が舞台になっていましたが、こういう借家を何というでしょうか？

①シェアハウス
②ゲストハウス
③コレクティブハウス
④コーポラティブハウス

A.90

答え ①

「シェアハウス」とは、賃貸マンションや戸建て住宅を見ず知らずの他人同士が何人か一緒に借り、各部屋は個人のプライベートスペースとしながら、リビングやキッチン、トイレなどは共用スペースとして使うものをいいます。住居費や水光熱費の1人当たりの負担が安くなるといったメリットがあります。

日本ではこういう借家形態を「ルームシェア」と呼ぶこともあり、従来は親族でない他人同士が共同で暮らすことへの抵抗からあまり普及しませんでした。しかし、最近はテレビドラマや映画、小説の舞台になるなど、かなり一般化してきています。

似たような借家形態に「ゲストハウス」もありますが、こちらはどちらかというと外国人旅行者向けの短期賃貸住宅を意味します。ただ、最近は日本人の入居者も増えて、「シェアハウス」や「ルームシェア」とほぼ同じ使い方をするようになっているようです。

「コレクティブハウス」も似たような居住形態ですが、特にキッチンやダイニングなどの共用空間で居住者が食事や育児などを共同したり分担したりするものをいいます。阪神大震災のあと、高齢者向け復興住宅に一部採用された例があります。

「コーポラティブハウス」はマンションを建設・所有する手法のことです。複数の希望者が集まって組合をつくり、土地の取得、各住戸の設計、工事の発注などを自分たちで行います。

Q.91

次の芸能人のうち、大学で建築を学んだことのない人は誰でしょうか？

①田中卓志（アンガールズ）
②小田和正（オフコース）
③舘ひろし
④パンツェッタ・ジローラモ
⑤渡辺篤史

A.91

答え ⑤

芸能界には、意外に建築を学んだ人がたくさんいます。女性では、東京大学工学部建築学科卒の菊川怜が有名ですが、男性でも少なくありません。

まず、お笑いコンビ、アンガールズの田中卓志は、広島大学工学部第４類（建築系）を卒業。オフコースのリーダーでボーカルだった歌手の小田和正は東北大学工学部で建築工学を専攻。その後、早稲田大学大学院にも進んでいます。石原軍団の舘ひろしは千葉工業大学工学部建築学科を中退。タレントでイタリア人のパンツェッタ・ジローラモも、ナポリ建築大学に入学（中退）とのことです。

一方、建築番組の司会で知られる俳優の渡辺篤史は、日本大学文理学部国文学科中退で建築を学んだわけではありませんが、多数のお宅訪問の経験をもとに住宅関係の書籍などを出版しています。

Q.92

イギリスの童話『三匹の子豚』で、レンガの家が一番いいとされた背景にある事象で、正しくないのは次のうちどれでしょうか？

①**ロンドン大火**で木造家屋などが甚大な被害を受けた

②**産業革命**でレンガが安価に大量生産されていた

③レンガが環境に優しいとイギリスの**環境学会**で発表された

A.92

答え ③

『三匹の子豚』はイギリスの童話で、18世紀後半に出版されました。

母さん豚は三匹の子豚を自立させようと送り出し、一番目の子豚はわらで、二番の子豚は木の枝で、三番目の子豚はレンガで、それぞれ家を建てます。そこにオオカミがやってきて、わらの家と木の枝の家は簡単に吹き飛ばし、二匹の子豚を食べてしまいました。しかし、レンガの家はいくら吹いてもびくともせず、逆に煙突から忍び込もうとして煮えたぎる鍋に飛び込んだオオカミは、子豚に食べられてしまうというものです。

当時、ロンドンでは大火事によってわら屋根の家や木造家屋が大きな被害を受け、その一方、産業革命でレンガが安価に大量生産されるようになったことが背景にあるといわれます。家づくりはそれぞれの地域の気候風土に根ざすものであると同時に、社会状況や産業の進歩とも密接な関係にあることを示している一例といえるでしょう。

Q.93

新しい恋人ができるたび、新しい家を建てたとされる有名女流作家は次のうち誰でしょうか？

① 林芙美子
② 瀬戸内寂聴
③ 宇野千代

A.93

答え ③

作家の宇野千代（1897年―1996年）は、生涯に13回、自宅を新築していま
す。

山口県に生まれ岩国高等女学校を卒業後、教員になり結婚。しかし、新聞の懸賞短編小説に当選したのをきっかけに作家としてデビューし、夫を置いて上京します。作家以外にもデザイナー、編集者、実業家としての才能も発揮し、また作家の尾崎士郎や北原武夫、画家の東郷青児など多くの芸術家との恋愛、結婚を経験します。そして、新しい生活を始めるたびに家を建て、それも専門家任せにしないで自分でも熱心に意見を出したりしたそうです。

家づくりに巨額の費用をかけ楽しむことを「普請道楽」といい、一般的には事業などで成功した男性の趣味と思われがちですが、さしずめ宇野千代は女性の「普請道楽」といえるでしょう。

なお、代表作には『おはん』『色ざんげ』、随想に『生きて行く私』などがあります。

Q.94

東京都庁舎を設計した、戦後日本を代表するモダニズム建築の巨匠は次のうち誰でしょうか？

①丹下健三
②黒川紀章
③石原慎太郎

A.94

答え ①

戦後日本を代表する建築家として、真っ先に名前があがるのが丹下健三（1913年―2005年）です。丹下は旧制広島高校のときに図書室で目にしたル・コルビュジエの著書に感銘を受けて建築家を志し、東京帝国大学工学部建築科を卒業。1946年には東大助教授に就任し、日本各地の戦災復興計画に参加しました。

1955年（昭和30年）に完成した「広島平和記念資料館」、1964年（昭和39年）に完成した「国立代々木競技場」などで世界にその名を知られるようになり、海外でのプロジェクトも多数手がけました。また、その門下からは槇文彦、磯崎新、黒川紀章といった優れた建築家を何人も輩出しています。

東京都庁舎は1991年（平成3年）に完成した晩年の代表作で、本人によれば格子戸を思わせるデザインで和風を感じさせると同時に、情報化時代をIC（集積回路）のグリッドパターンで象徴しているそうです。なお、完成当時は日本一の高さ（243m）を誇りました。

Q.95

独学で建築を学び、東大教授も務めた建築家・安藤忠雄の出世作は次のうちどれでしょうか？

①住吉の長屋
②六甲の集合住宅
③水の教会

A.95

答え ①

安藤忠雄は1941年（昭和16年）、大阪府大阪市港区で生まれました。双子の兄でしたが、母の実家である安藤家に養子として入り、祖父母とともに大阪の下町にある間口2間、奥行き8間の長屋で育ちました。

工業高校卒業後、一時プロボクサーとしてリングに上がったこともありますが、古本屋で手に入れたル・コルビュジエの書籍に魅かれ建築家を志しました。ただ、建築についての専門教育を受けたことは一度もなく、すべて独学で学びながら1969年（昭和44年）に安藤忠雄建築研究所を大阪に設立。初めの頃は主に個人住宅を手がけていました。

そんななか、1976年（昭和51年）に完成した「住吉の長屋」（大阪市住吉区）が高く評価され、日本建築学会賞を受賞。コンクリート打ち放しとシンプルな幾何学形態を特徴とする建築スタイルで、一躍その名を知られるようになりました。その後は商業建築や寺院・教会、公共建築など幅広く手がけ、1997年（平成9年）から7年間東京大学工学部教授も務めました。

海外でも人気が高く、現在も国内外を問わず数多くのプロジェクトが進行中で、日本を代表する建築家のひとりといえます。

Q.96

日本では旧帝国ホテルを設計し、米国では渓流に建つ「落水荘」でも有名な20世紀を代表する世界的な建築家は次のうち誰でしょうか？

①フランク・ロイド・ライト
②ル・コルビュジエ
③ミース・ファン・デル・ローエ

ヒント

フランク・ロイド・ライト（1867年―1959年）、ル・コルビュジエ（1887年―1965年）、ミース・ファン・デル・ローエ（1886年―1969年）の3人は、近代建築の3大巨匠と呼ばれます。

A.96

答え ①

フランク・ロイド・ライトは米国生まれで、アメリカと日本に数多くの作品を残しています。ウィスコンシン州で生まれたライトは、ウィスコンシン大学マディソン校土木科を中退した後、シカゴに移りアドラー&サリヴァン事務所で設計を学びます。1893年に独立し、17年間に計画案も含め200件近い住宅の設計を行いました。

ライトの設計は「プレーリースタイル」（草原様式）といわれ、それまでアメリカで主流だったヨーロッパ風の華美で装飾的なデザインとは一線を画し、外観は水平線を強調したシンプルでありながら落ち着いた平屋が多く、室内は部屋同士を区切ることなく1つの空間として緩やかにつなぐ点に特徴がありました。

「落水荘」（カウフマン邸）はライトが1935年に設計した代表作のひとつです。自然と一体化する住まいというコンセプトから、実際に流れている川の上に建てられました。日本でも、東京の旧帝国ホテル新館や芦屋の旧山邑家住宅（ヨドコウ迎賓館）などを手がけ、多くの日本人建築家に影響を与えました。

Q.97

フランク・ロイド・ライトと並び、日本の建築界に多大な影響を与えたフランスの建築家、ル・コルビュジエが住宅について語った有名な言葉は次のうちどれでしょうか?

①「家を建てることは**魂の叫び**だ」

②「理想の住宅とは**合理性の結晶**である」

③「住宅は**住むための機械**である」

④「伝統の中に**革新の鍵**が隠されている」

ヒント

ル・コルビュジエ(1887年—1965年)はスイスに生まれ、フランスで活躍した世界的な建築家です。もともと美術学校に学び、建築については独学ながら理論と実践の両面において極めて大きな足跡を残し、現在でもモダニズム建築の巨匠として多くの信奉者を持ちます。なお、ル・コルビュジエというのはペンネームです。

A.97

答え ③

ル・コルビュジエが活躍したのは20世紀前半、それまでの古い伝統的で様式的な建築が否定され、近代建築が確立されようとする時期にあたります。モダンで合理主義的な建築理論と鉄筋コンクリートを用いたシンプルで自由な造形で世界中に大きな影響を与えました。

その建築観を最も端的に示すものとして有名なのが、1923年に発表された著書『建築を目指して』の中にある「住宅は住むための機械である」という言葉です。ル・コルビュジエはその後、近代建築の5原則として「ピロティ、屋上庭園、自由な平面、水平連続窓、自由な立面」を主張し、実際に住宅など多くの建物を設計しました。

日本でも前川國男、丹下健三、安藤忠雄など名だたる建築家がル・コルビュジエの影響を受けたと語っています。

Q.98

19世紀末のイギリスで、生活と芸術を一体化させる「アーツ・アンド・クラフツ運動」を唱え、後のモダンデザインの流れに大きな影響を与えた思想家・デザイナーは次のうち誰でしょうか。

①カンディンスキー
②ウィリアム・モリス
③サー・コンラン
④ワルター・グロピウス

A.98

答え ②

現代の住まいづくりでは、建物の機能性だけでなく、住む人の感性や美意識を反映したデザインが重要な要素になります。そのため、インテリア、家具、照明器具などのデザインは、20世紀になって建築設計とは別個の専門領域として大きく発展してきました。芸術とは異なり、身の回りのさまざまなものにデザインを加えることによって、健康で豊かで快適な暮らしを実現するという社会的役割とコンセプトを持つのが「モダンデザイン」といえるでしょう。

このモダンデザインのまさに始祖とされるのが、イギリスの詩人で思想家、デザイナーであったウィリアム・モリス（1834年―1896年）です。

モリスが活躍した19世紀、産業革命の先進国であるイギリスでは大量生産によって多くの製品がつくられましたが、中には粗悪なものも少なくなく、特に日用品についてモリスは非常に批判的でした。彼は中世の手仕事の価値を主張し、実際にデザイン性の高い美しい壁紙や家具、ステンドグラスなどを製作し、生活と芸術の統一を唱えました。これが「アーツ・アンド・クラフツ」と呼ばれる芸術運動となり、その後、アール・ヌーヴォー（フランス）、ウィーン分離派（オーストリア）、ユーゲント・シュティール（ドイツ）、民芸運動（日本）などにも影響を与え、モダンデザインの大きな流れを生み出したといわれます。

Q.99

住宅を買ったり建てたりすると、住民票を移します。では、アニメ番組『らき☆すた』の登場人物たちが住民登録されている町は次のうちどれでしょうか？

① 青森県上北郡おいらせ町
② 埼玉県北葛飾郡鷲宮町
③ 山口県阿武郡阿武町

ヒント

『らき☆すた』は美水かがみ原作の4コマ漫画やアニメのタイトルです。『らき☆すた』というタイトルは〝Lucky Star（ラッキー スター）〟からとったもの。小柄でアニメやゲームが大好きなオタクな女子高生「泉こなた」とその友人たちのまったりした日常生活が描かれています。

A.99

答え ②

『らき☆すた』は当初、マンガ雑誌の空きページを埋めるための不定期掲載でしたが、人気が出たので連載になり、その後、ドラマやゲームソフト、テレビアニメにもなりました。

アニメの舞台は埼玉県春日部市のマンモス高校で、主人公の友人である柊(ひいらぎ)姉妹は父が宮司を務める鷹宮神社に住んでいることになっています。そのモデルとなったのが埼玉県北葛飾郡鷲宮町にある鷲宮神社。アニメ雑誌で作品の舞台であることが紹介されたことをきっかけに、多くのファンが「聖地巡礼」と称してこの鷲宮神社を訪れるようになりました。

そこで地元の商工会がオリジナルグッズを制作したり、作者などの参拝イベントを開催したり、柊一家を町内の架空の住所に住民登録するなど、地域振興に発展したといいます。

Q.100

『崖の上のポニョ』の主人公たちが住む家がある崖について、そのモデルとなったといわれるのは次のうちどこでしょうか？

①鞆の浦（広島県福山市）
②屏風ヶ浦（千葉県銚子市）
③東尋坊（福井県勝山市）

ヒント
『崖の上のポニョ』は、2008年7月に公開されたスタジオジブリの長編アニメーション映画です。海沿いの街を舞台に、「人間になりたい」と願う魚の子ポニョと5歳になる宗介という少年の物語です。

A.100

答え ①

『崖の上のポニョ』の主人公、宗介の家は海に面した町にあり、そのモデルになったのが広島県福山市鞆（とも）の浦です。宮崎監督がスタジオジブリの社員旅行で鞆の浦を訪れた際、崖の上にある建物を見て気に入り、この作品が生まれたといわれます。

鞆の浦は瀬戸内海国立公園の中にある風光明媚なところで万葉集などにも詠まれ、また港町の古い町並みが残っていて、都市景観100選、美しい日本の歴史的風土100選に選ばれています。

なお、鞆の浦では25年以上前から、県道のバイパス建設にともなう港の埋立てと橋の建設を巡って、県・市と反対派住民とが対立。

2009年（平成12年）10月には埋立て免許差止め訴訟において、広島地裁が原告の景観利益を認め免許差止め命令を出しています（県側は控訴）。

住宅脳学院

住宅の知識は一生モノ

「住宅の知識の有無が、人生を大きく左右する」

そんな事例を、これまで私はたくさんみてきました。

ウン千万円もする大きな買い物であるにもかかわらず、よくよく検討することもなく、業者に言われるがまま、あるいは自身の拙速な判断で購入を決断してしまう。だから、「買ったあと、支払いがきつくなって手放さざるを得なくなった」とか「売ろうと思ったら大きな売却損が出るから、売るに売れなくなった」「買ってすぐ、あるいはライフサイクルに変化が生じたとき、間取りに不満が出た」「買った後にリフォームしようと思ったら、思いどおりにならなかった」「住宅ローンが終わった頃には建物がボロボロで、住み続けることができなくなった」などなど、それはもうありとあらゆるパターンの、取り返しのつかない住宅購入の失敗が後を絶ちません。

実際には、こういった事例は氷山の一角であり、大きな問題になることはあまりありません。ただ、潜在化している中小の失敗や不満は、相当な数にのぼるものと私はみています。

さらに、日本にはまだ「住文化」と呼べるような文化がしっかりと根づいてはいません。たとえば建物は住み始めてから、どんな付き合い方をするかということが大切です。定期的な点検や、予防的で適切なメンテナンスをしている建物と、建物が壊れたら最低限の補修をする、とでもいうような場当たり的な対処を繰り返してきた建物とでは、その寿命が倍以上違うであろうことはもちろん、建物にかかるコストもまったく異なってくるのです。

建物のコストには、大きく2種類あります。ひとつは「イニシャルコスト」。これは簡単にいえば建築当初にかかるお金です。

誰しも「少しでも安くいい建物を」と考えるため、ここには当然、意識が行くでしょう。ところが実はこの「イニシャルコスト」は、建物の一生にかかるコストのうち、わずか25パーセントから30パーセントを占めるにすぎないのです。

建物の建築費から、維持費、光熱費、補修費、リフォーム費、そして最後の解体費まで、建物の一生にかかるコストを「ライフサイクルコスト」といいます。オフィスビルなどの世界では「ライフサイクルコスト」の重要性はすでに常識ですが、住宅の世界ではなぜかまだ、あまり重要視されていません。

イニシャルコストを気にするあまり、70パーセントから75パーセントを占める「ライフサイクルコスト」の高い住宅を選んでしまっては、元も子もないでしょう。こういった視点を得るだけで、住宅にかけるコストは数百万円も、時には千万円単位もの違いを簡単に生み出すのです。

また住宅の価値は、ひとつの住宅単体で決まるわけではありません。周辺の街並みとの調和はもちろん、近隣住民同士のコミュニティー形成における成熟度も重要な要素です。

現在のところ、これらの要素が住宅価格に与える影響はまだ軽微ですが、今後、コミュニティーの成熟度や街並みが住宅価値の決定要素に占める割合がどんどん大きくなるでしょう。この要素を私は「地域力」と呼んでいますが、住文化が成熟すればするほど、地域力の重要性がクローズアップされることは自明です。そしてそれを培うのは誰でもない、そこに住む私たち一人ひとりなのです。

日本の「人と不動産の関係」はこれから、歴史的で劇的な転換期を迎えます。これまでの文脈に基づく予測が、まったく通じなくなる時代に突入するのです。

ここ数年でマンションデベロッパーや不動産業、建設業の破綻が相次ぐなど業界にはすでに大激震が走りましたが、それはまだ序章にすぎません。本当の変化はこれからです。

このことは、業界にとっても国民にとっても決して後ろ向きな話ではなく、来るべき未来に向けた、必要な変化といえるでしょう。

日本がこれから本格的な人口減少、そして少子化、高齢化社会を迎えることは周知の事実です。ところが、住宅数が圧倒的に世帯数を上回っている事実は意外と知られていません。

総務省によれば世帯数約5000万に対し、住宅数は約5760万戸とされています。日本全体を賃貸住宅経営にたとえると、空室率はなんと13パーセントを超えるのです。

さらに野村総合研究所によれば、これまでのペースで新築住宅を造り続けた場合、30年後には空室率が43パーセントへ、仮に半減させたとしても36パーセントとなってしまうとの推計が出されています。これはまったく持続不可能であるのは自明で、すでに国は2002年、住宅政策の転換を表明し、2006年6月には「住生活基本法」が施行されました。

この法律は簡単にいうと新築持ち家一辺倒から中古住宅、賃貸住宅市場の整備を強化することで、国民の住まい方を多様化させようというものです。また本法に基づき「住宅データベースの整備」や「ホームインスペクションの普及」「賃貸住宅市場の整備」なども、すでに着手されています。

変化の渦にのみ込まれているのは、不動産業界だけではありません。日本経済、私たちの生活そのものが、ドラスティックな構造変化の過程にあるといえます。

日本経済はこれからどうなるのでしょうか。多額の国債発行を抱えるなかでの、本格的な人口減少。少子化・高齢化は世界一のスピードで進行し、医療や社会保障関連の負担は増すばかりです。

グローバリズムが否応なく進展するなかでは、国民の所得はどうしても、新興国の所得にサヤ寄せされる形となります。つまり、所得の下落圧力はこれからますます強くなるということです。

現時点では、所得の低下に見合う形で財やサービスの価格破壊が起きています。全体として経済はデフレ、つまり日本全体の経済のパイがどんどん小さくなっているわけです。

これが今後どうなっていくのか、誰にも正確な未来を予測することなどできません。たとえば超電導など新技術が開発されたり、宇宙開発で主導権を握ったり、メタンハイドレートのような資源が本格的に利用できるようになれば、日本経済は再び復活の方向へ向かうかもしれません。特にイベントもなくこのままなら経済はジリ貧、やがて国債発行が消化しきれずにインフレが起きるかもしれません。

このような、先を見通せない不透明な世の中で、私たち一人ひとりは何をどのように考え、どう生きればよいのでしょうか。その解を見出し、豊かに生きていくプロセスにおいて、住宅の知識を持たないという選択肢はありえないということに私たちは気づかなければなりません。

マイホームを買うにしても買わないにしても、不動産投資をするにしてもしないにしても、人は不動産と関わりを持たずに生きることは不可能です。賃貸住宅に住み続けているとしても、それは誰かが不動産投資をしている物件に対し、あなたが家計から投資をしてあげているわけです。そしてどんな物件に住んでいようと私たちは必ず、どこかの地域、コミュニティーに属しています。

そうした条件下にある人生は、住宅知識の有無、住文化の成熟度合いで快適度、納得度が変わります。たとえば前述のライフサイクルコストのような建物の知識があれば、人生におけるトータルの住宅コストは格段に安く済むでしょう。またそのような知見は、自分の子供や孫へも引き継ぐことができるのです。


一人ひとりが住宅にもう少し関心を抱き、もう少し学び、もう少し住宅との関わり方を楽しめたら、あなたの人生と日本の街並みはもっと豊かになるでしょう。本書はそういった問題意識のなかで構想されました。

クイズという形をとり、トリビア的な雑学も盛り込みながら、まずは住宅について興味を持っていただき、楽しんでいただけるよう、工夫しています。数年間の産みの苦しみを経て編纂され、ようやく出版の運びとなりました。

それなりに良い出来の本であると自負しています。しかし住宅に関する知識は本当に幅広く、奥が深く、本書に掲載されたものはまだほんの一部にすぎません。本書をきっかけとして、住宅についてより好奇心と学びを深めていただければこれ以上の喜びはありません。そしてその、あなたの知見を世に広めてください。

住宅の知見は、自分のみならず子や孫へ、また血縁はなくとも次世代に引き継ぐことができます。そうして日本の住文化はこれから、皆さんの手で連綿と引き継がれ、さらに成熟度を深めていくのです。

最後に、本書を手にとってくださったあなたと不動産との関係がより幸せに結ばれますよう、心からの祈りと感謝の気持ちを込めて、締めの言葉と代えさせていただきます。

平成22年5月

不動産コンサルタント　長嶋　修

●主な参考資料

『住宅問題事典』住宅問題研究会・財団法人日本住宅総合センター（東洋経済新報社）
『住宅政策のどこが問題か』平山洋介（光文社新書）
『住宅戦争―住まいの豊かさとは何か』布野修司（彰国社）
『ぼくの家は「世界遺産」』小松義夫（白水社）
『湖上の家、土中の家』益子義弘　東京芸術大学益子研究室（農山漁村文化協会）
『街並みの美学』芦原義信（岩波書店）
『住まいの人類学』大河直躬（平凡社）
『「住宅」という考え方』松村秀一（東京大学出版会）
『昭和住宅物語』藤森照信（新建築社）
『家族を「する」家』藤原智美（プレジデント社）
『衣食足りて、住にかまける』島田雅彦（光文社）
『目でみる基礎と地盤の工学』吉田巖（技法堂出版）
『建築学用語辞典』日本建築学会編（岩波書店）
『日本建築構造基準変遷史』大橋雄二（日本建築センター）
『地震と建築』大崎順彦（岩波新書）
『建築工事標準仕様書・同解説　JASS5　鉄筋コンクリート工事』日本建築学会

『建築物の遮音性能基準と設計指針』日本建築学会
『コンクリートが危ない』小林一輔（岩波新書）
『マンション60年史』高層住宅史研究会（住宅新報社）
『マンションにいつまで住めるのか』藤木良明（平凡社新書）
『マンション　安全と保全のために』小林一輔・藤木良明（岩波新書）
『マンションは大丈夫か』小菊豊久（文春新書）
『マンションはこうして選びなさい』（ダイヤモンド社）
『失敗しないマンション選び』長嶋修（日本実業出版社）
『マンション管理はこうして見直しなさい』廣田茂（ダイヤモンド社）
『絶対に後悔しない一戸建て選び』長嶋修（日本実業出版社）
『決定版エコ住宅のつくり方』田中謙次（マーブルトロン）
『シックハウスの防止と対策』井上雅雄（日刊工業新聞社）
『天然素材でつくる健康住宅』中野博（日本実業出版社）
『住まいQ&A室内汚染とアレルギー』吉川翠、小峯裕己、阿部恵子、松村年郎（井上書院）
『高断熱・高気密バイブル』南雄三（建築技術）
『リフォームはこうしてやりなさい』（ダイヤモンド社）
『日本大歳時記』（講談社）

『日本人なら知っておきたい日本語』井口樹生（幻冬舎）
『日本語おもしろ雑学練習帳　語源編』日本雑学能力協会（新講社）
『衣食住語源辞典』吉田金彦（東京堂出版）
『痛快！ケンチク雑学王』建築うんちく隊（彰国社）
『うめぼし博士の逆・日本史　神話の時代編』樋口清之（祥伝社）
『うめぼし博士の逆・日本史　貴族の時代編』樋口清之（祥伝社）
『不動産取引の紛争と裁判例』財団法人不動産適正取引推進機構
『私道・日照・境界等の知識とＱ＆Ａ』安藤一郎（法学書院）
『建築家　安藤忠雄』安藤忠雄（新潮社）
『映画の中の現代建築』飯島洋一（彰国社）

※このほか数多くの書籍、雑誌、新聞、インターネット等の情報を参考にさせていただきました。あらためて感謝いたします。

●著者プロフィール

長嶋　修（ながしま・おさむ）
業界初の個人向け不動産コンサルティング会社「株式会社さくら事務所」を設立、代表取締役社長。不動産コンサルタント第一人者として国の委員やメディア出演等、幅広く活動する傍ら、複数の企業を経営する。講演実績、著書も多数。ＮＰＯ法人日本ホームインスペクターズ協会理事長。
著書『住宅購入学入門―いま、何を買わないか』（講談社＋α新書）『住宅選びこれだけ心得帖』（日本経済新聞社）『不動産投資「やっていい人、悪い人」年収200万円時代に備える』（講談社＋α新書）『不動産のプロから見た日本経済の活路―ポスト成長経済社会を豊かに生きる方法』（ＰＨＰ研究所）など。

古井一匡（ふるい・かずただ）
1960年富山県生まれ。1983年京都大学文学部卒。編集プロダクションを経てフリーに。住宅・不動産関係を中心に雑誌、新聞、インターネット等で執筆するほか書籍の企画・編集を手がける。著書『地震に強い、新・住宅の条件―阪神・淡路大震災からの教訓』（共著、メディア・ファクトリー）など。

大西倫加（おおにし・のりか）
住文化ＰＲディレクター。不動産コンサルタント長嶋修氏をはじめ、不動産・建設業界を専門に扱う企業や個人のＰＲディレクター、書籍ライターであり、個人向け不動産コンサルティング会社「株式会社さくら事務所」取締役など、複数の企業・ＮＰＯ法人で役員を務める。
著書『建物調査入門』（住宅新報社）など。『究極のマンション選び』（講談社）など執筆協力も多数。

住宅脳《じゅうたくのう》ク《く》イ《い》ズ《ず》100《ひゃく》問《もん》

2010年7月2日　初版発行

監　修　長《なが》嶋《しま》　修《おさむ》
著　者　古《ふる》井《い》一《かず》匡《ただ》
大《おお》西《にし》倫《のり》加《か》
発行者　中野博義
発行所　㈱住宅新報社
〒105-0003　東京都港区西新橋1-4-9（TAMビル）
編集部　☎　03(3504)0361
出版販売部　☎　03(3502)4151
URL http//www.jutaku-s.com/

大阪支社　〒530-0005　大阪市北区中之島3-2-4（大阪朝日ビル）　☎06(6202)8541㈹

印刷・製本／藤原印刷㈱　Printed in Japan
定価はカバーに表示してあります。落丁本・乱丁本はお取り替えいたします。
ISBN978-4-7892-3232-6　C2030